再新装版

刺しゅうの映える
縁編みのパターン

no.1

no.2

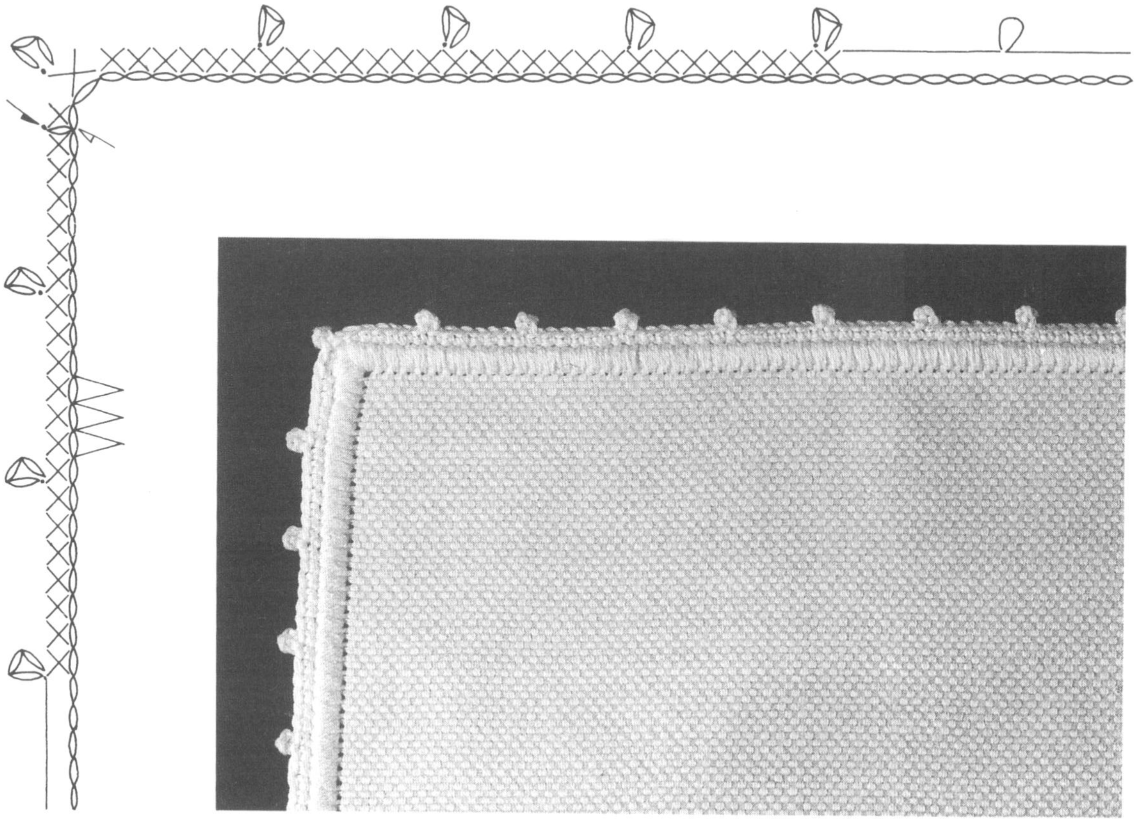

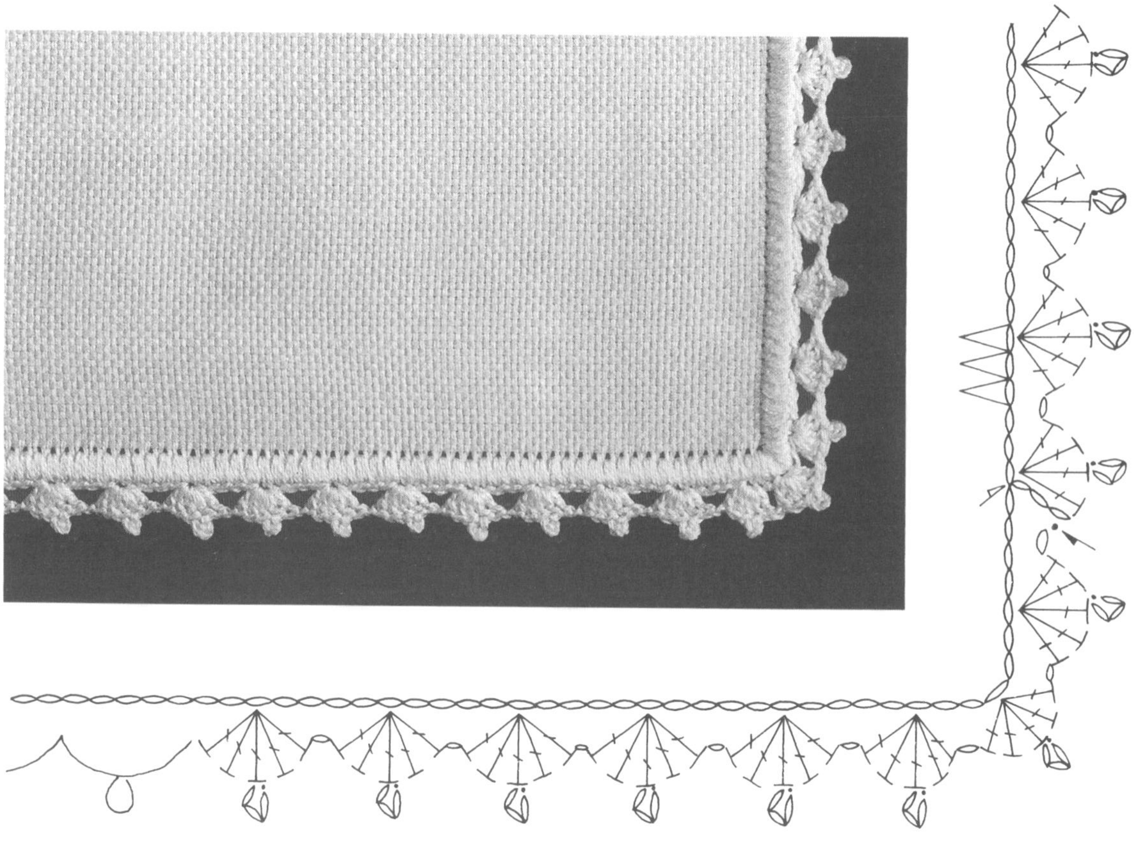

no.3

no.4

no.5

no.6

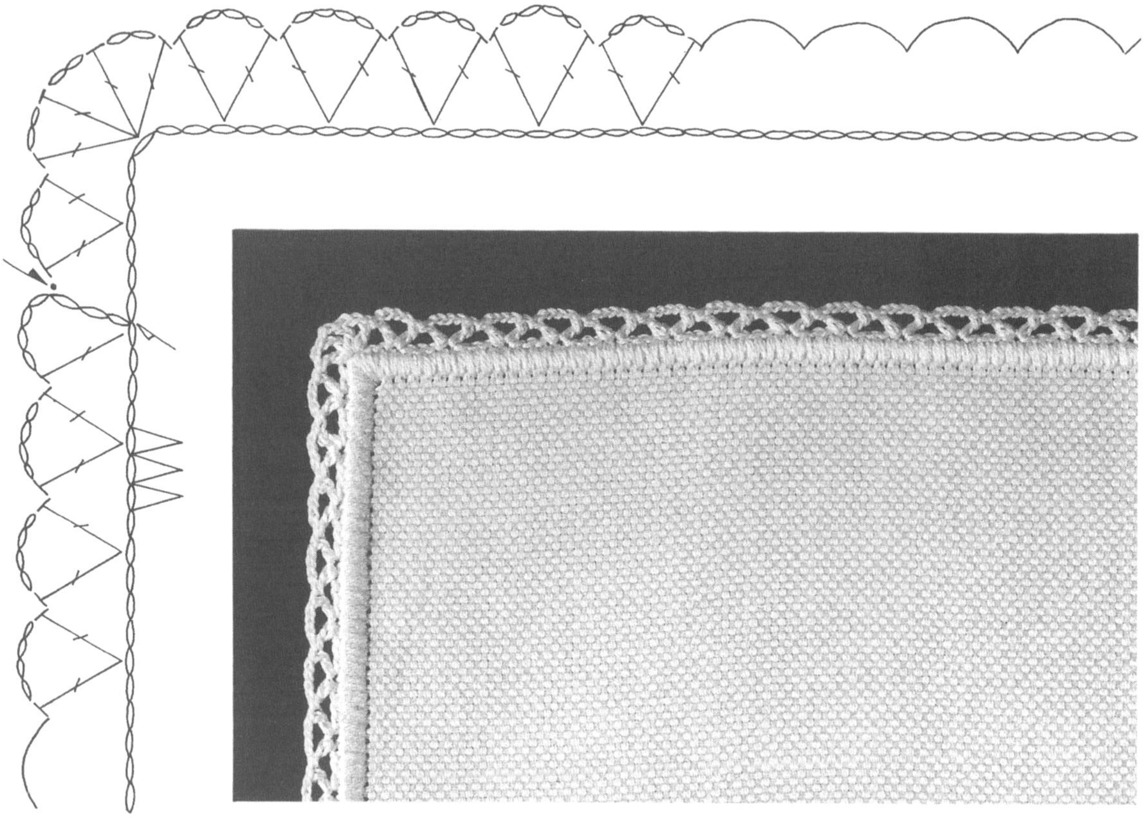

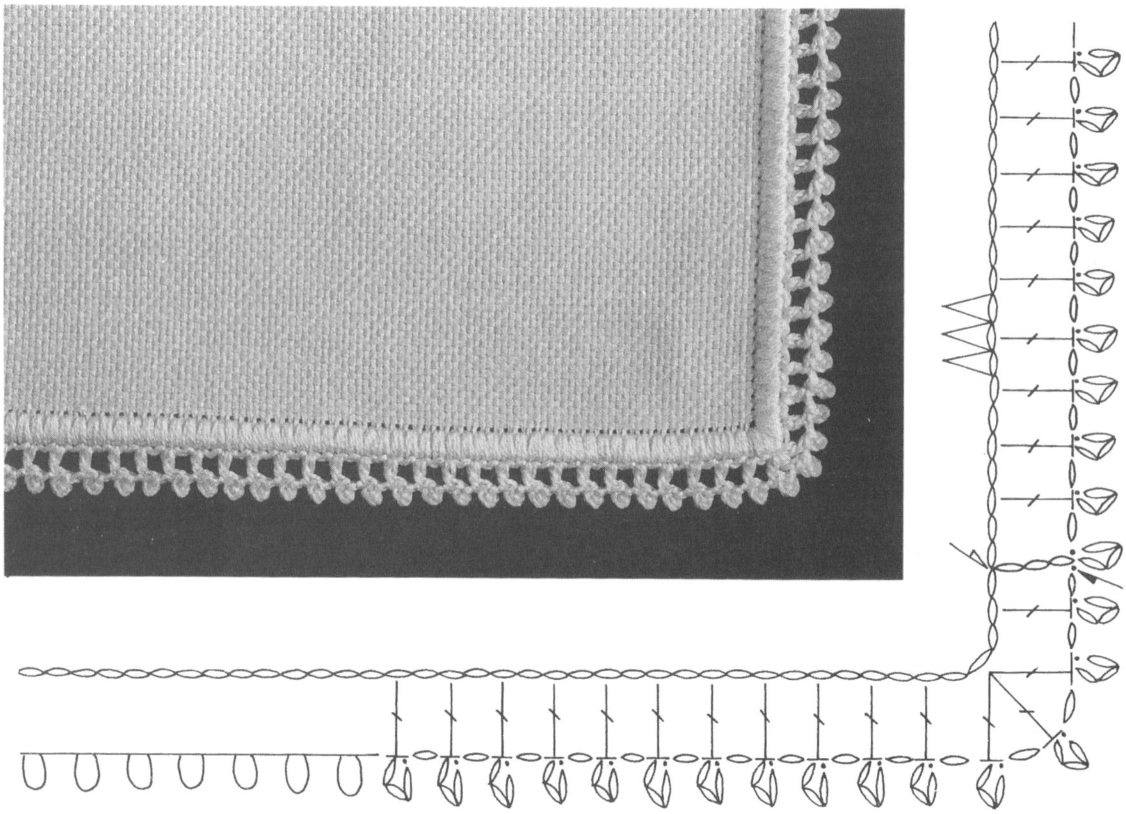

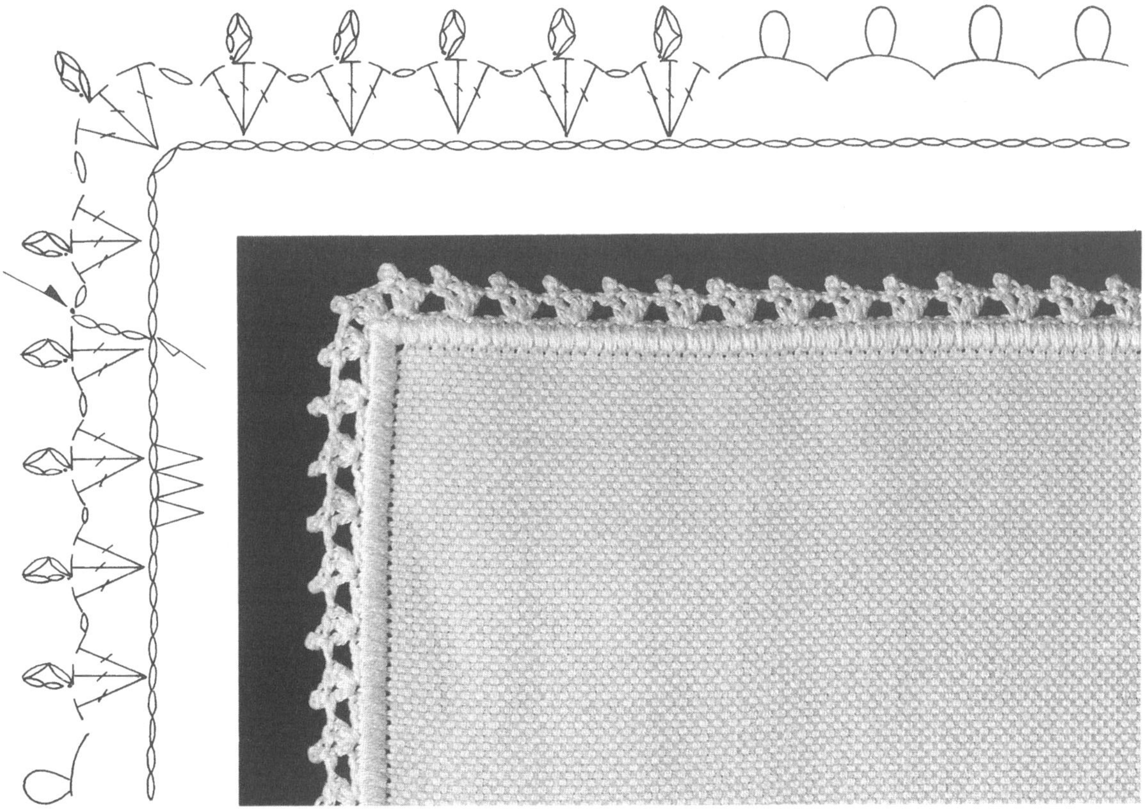

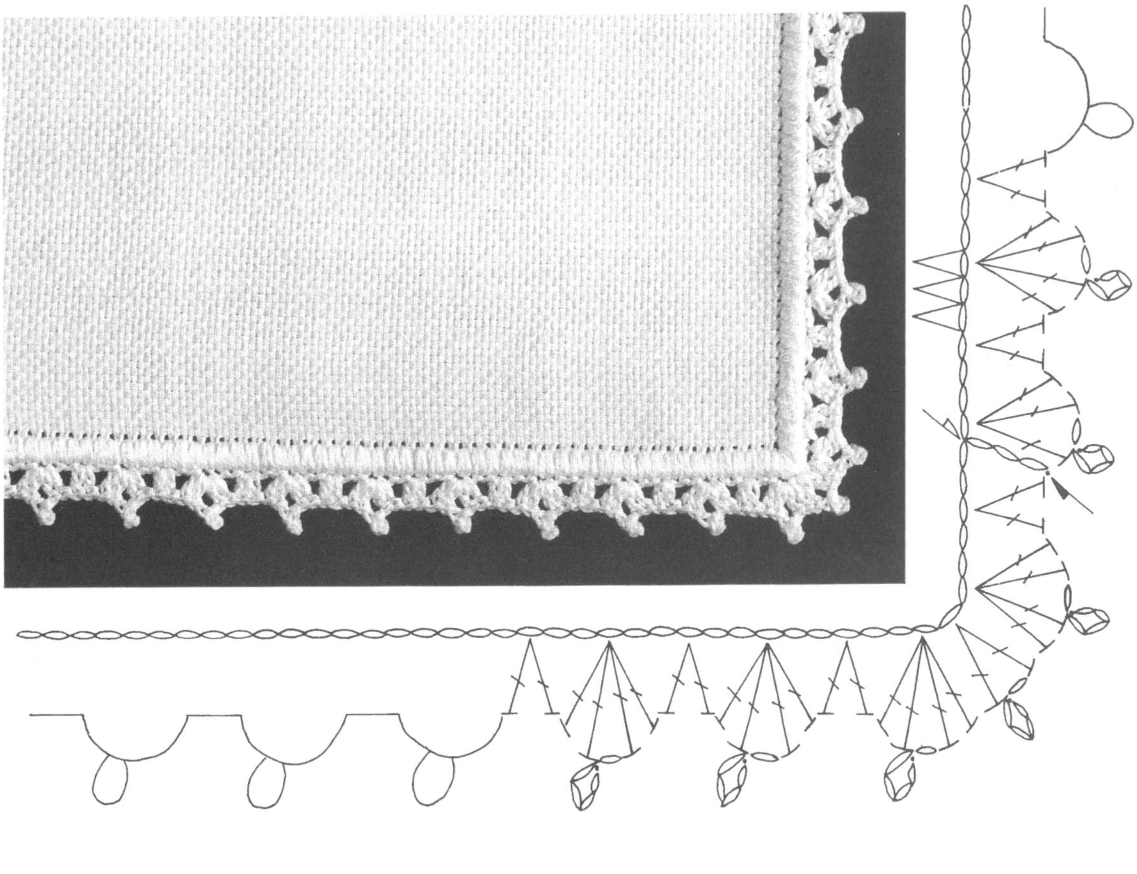

no.9

no.10

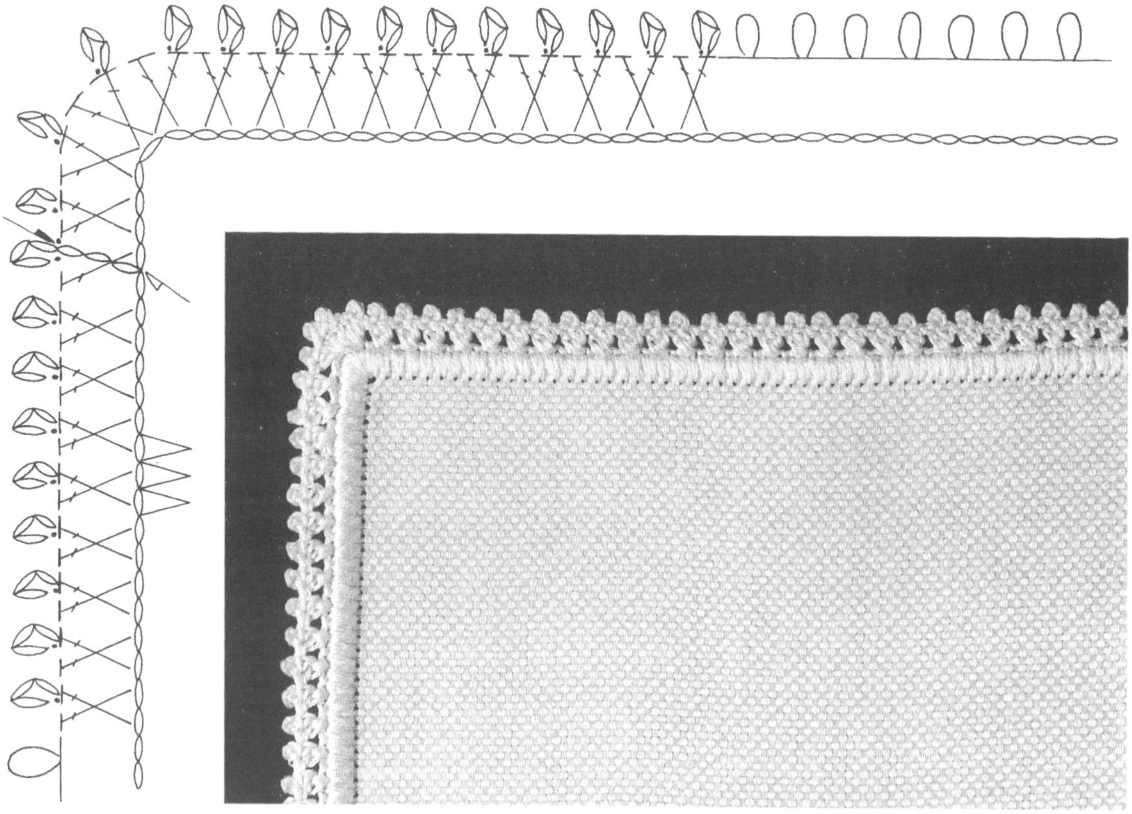

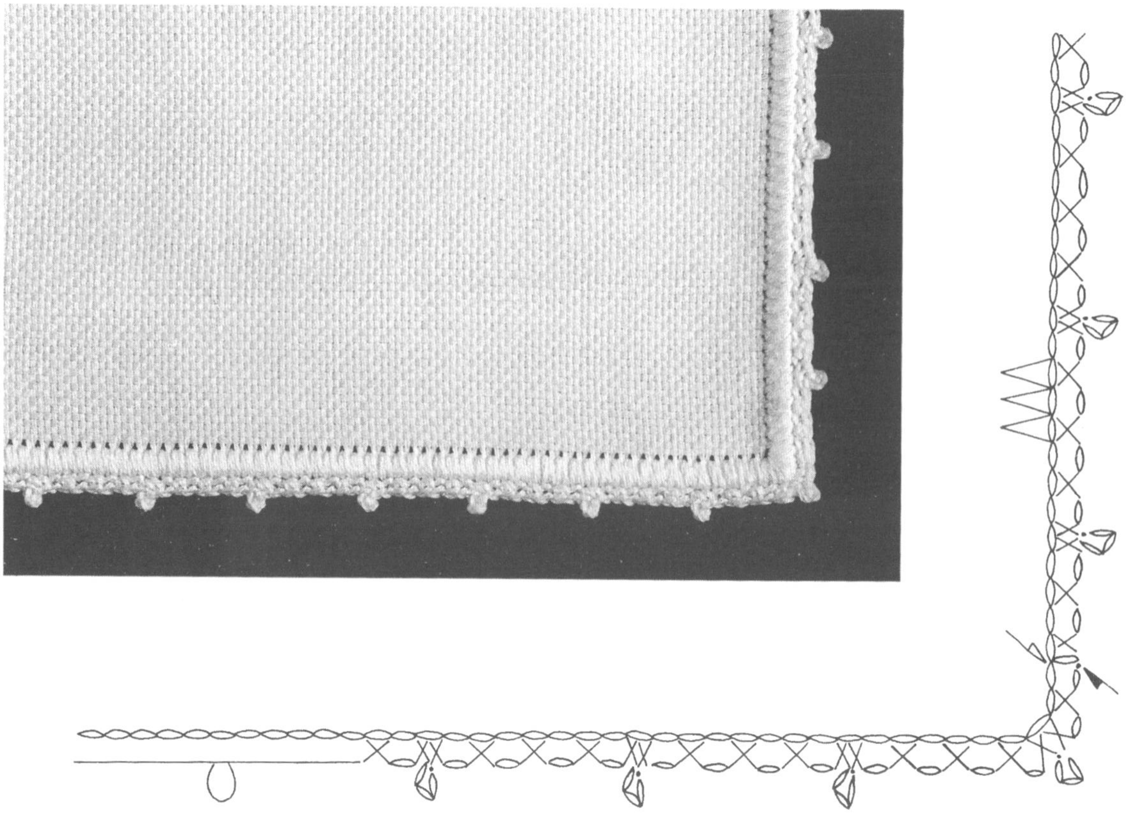

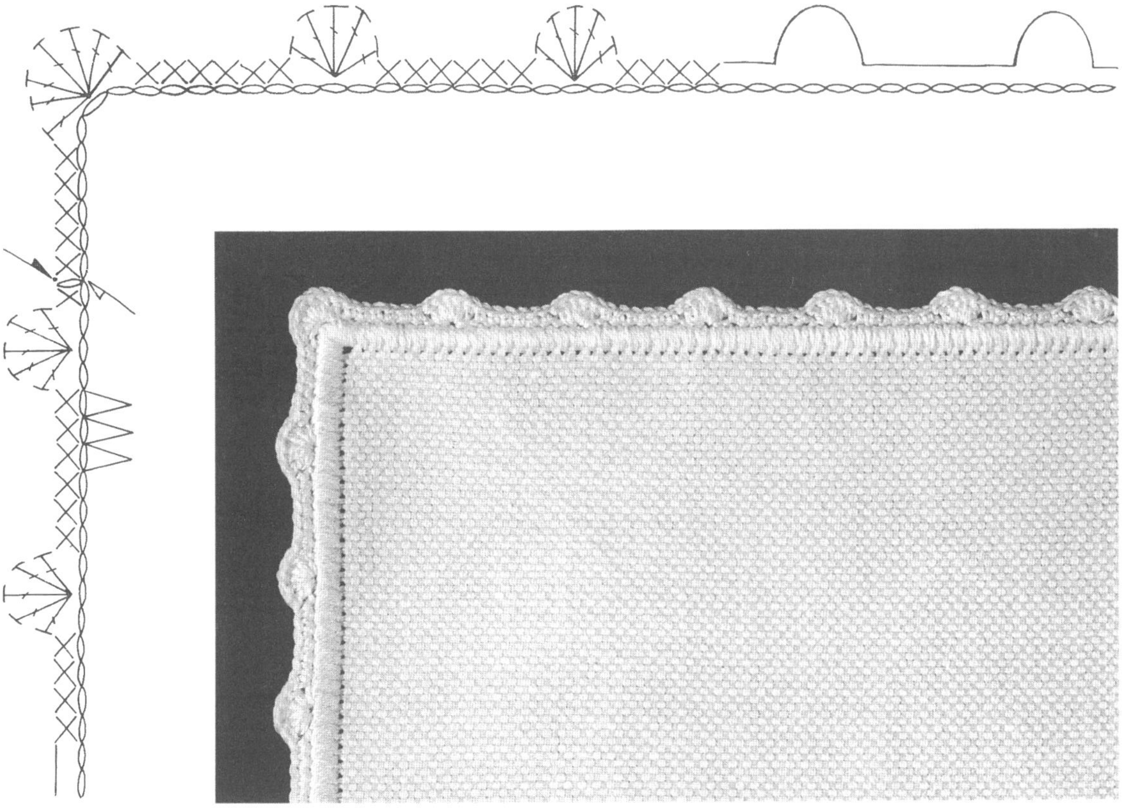

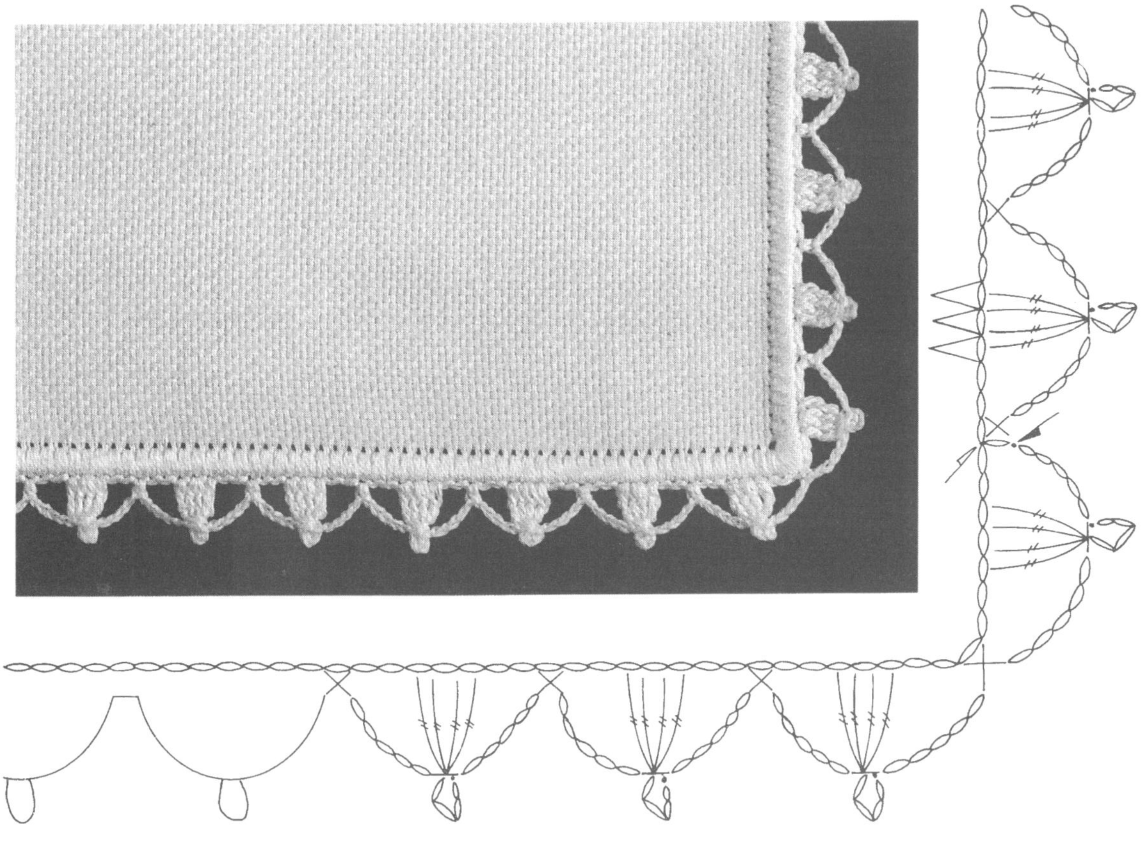

no.13

no.14

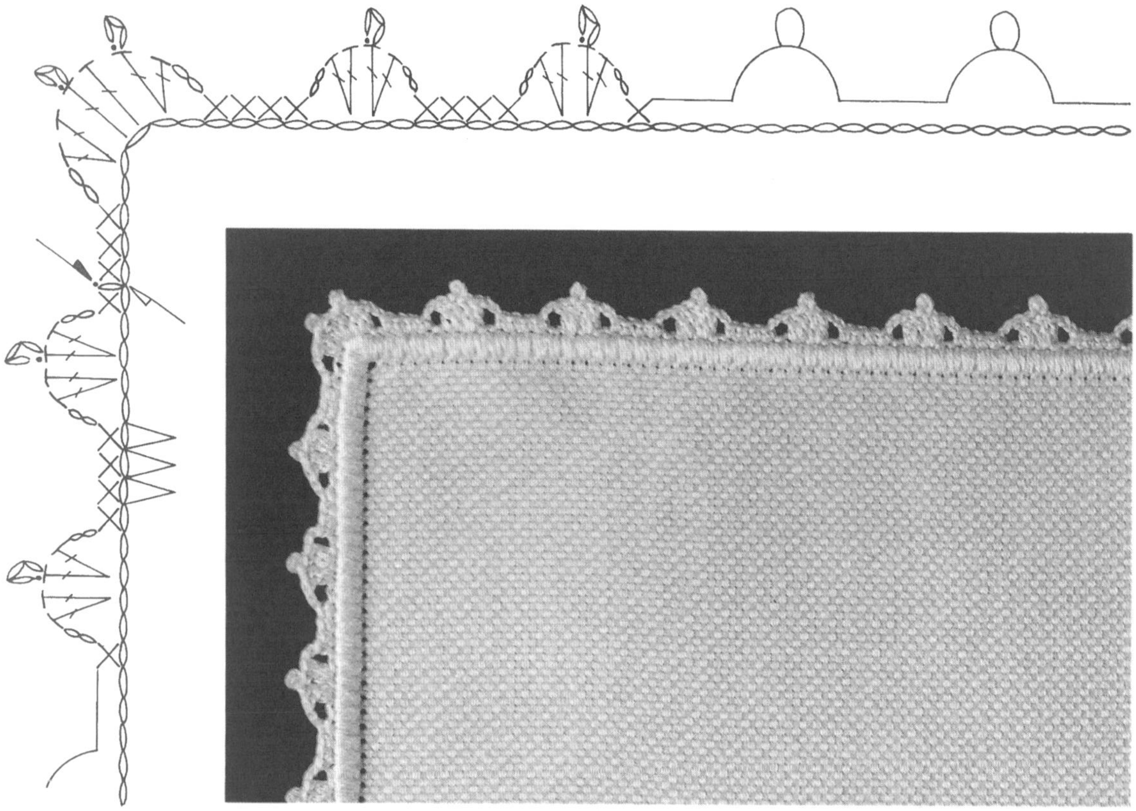

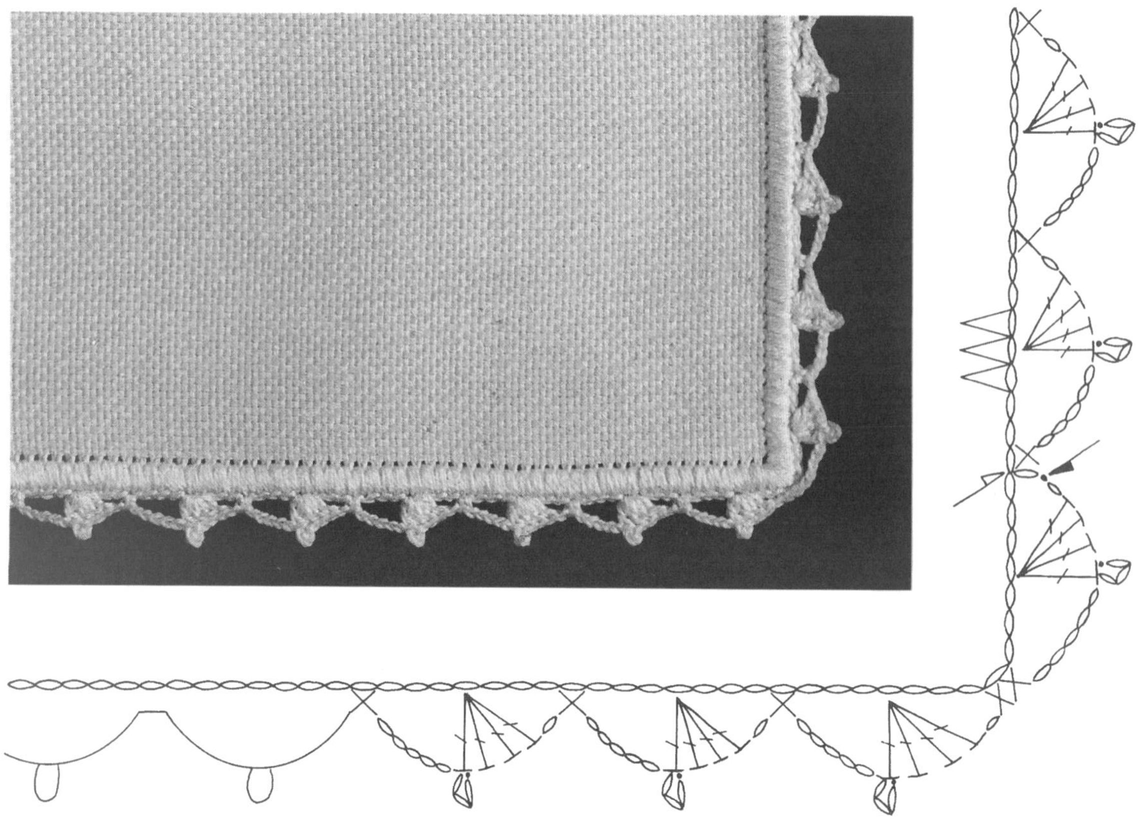

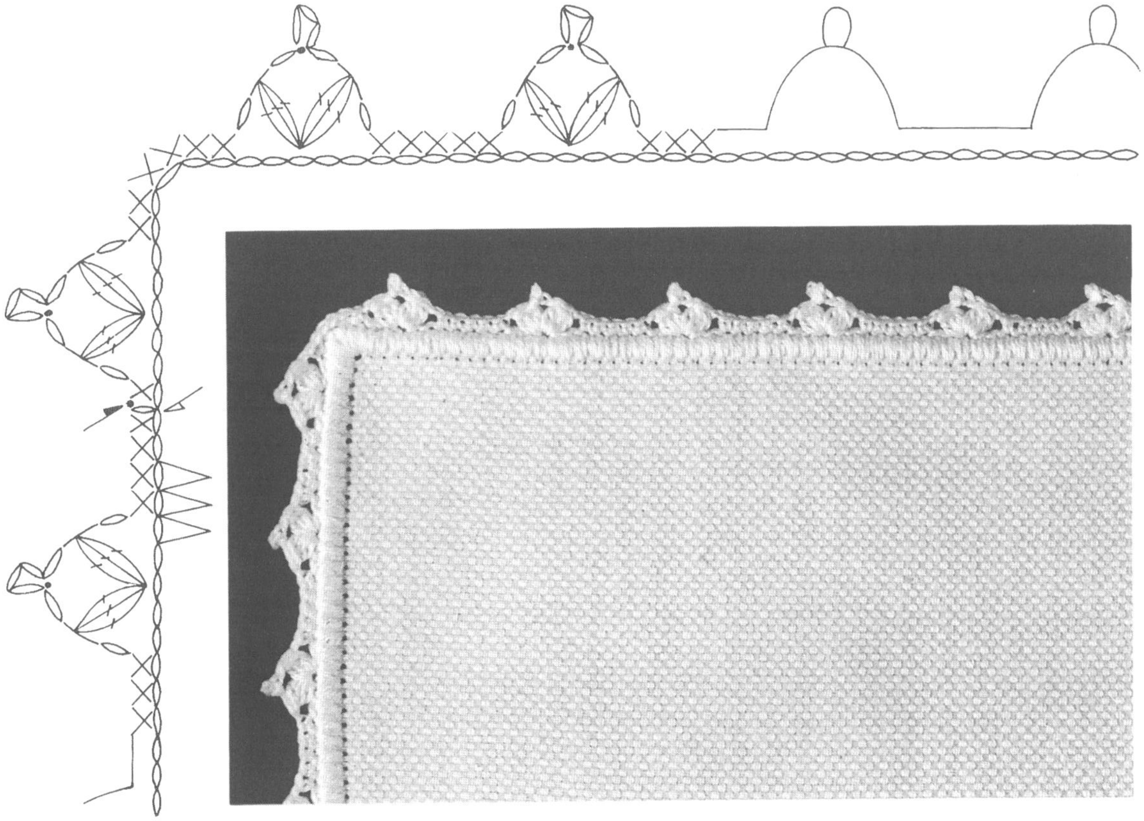

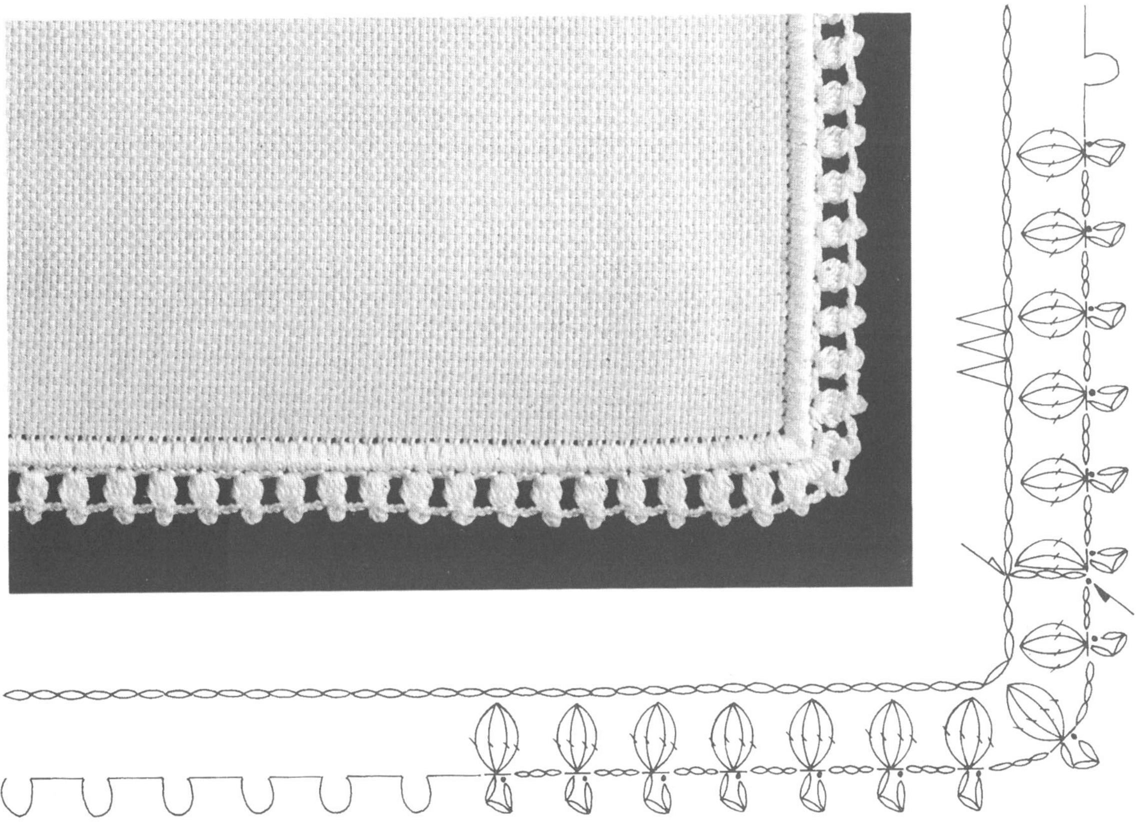

no.17

no.18

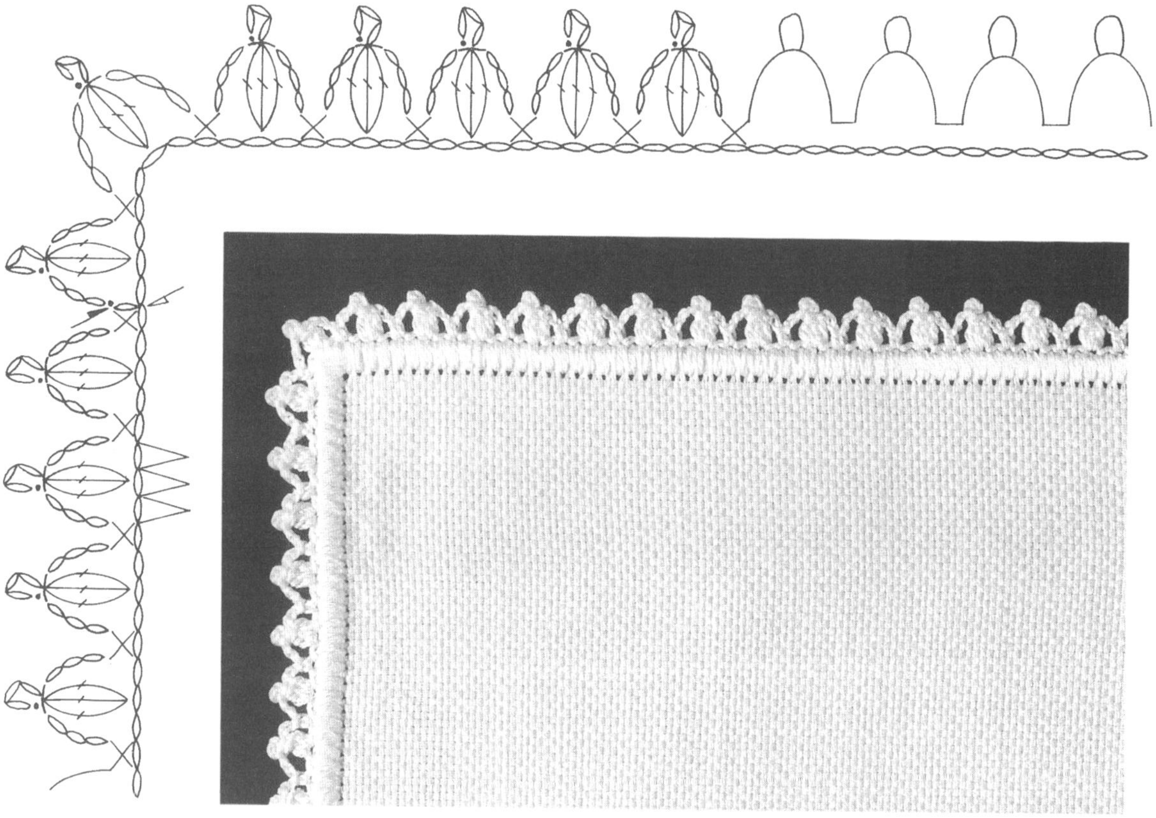

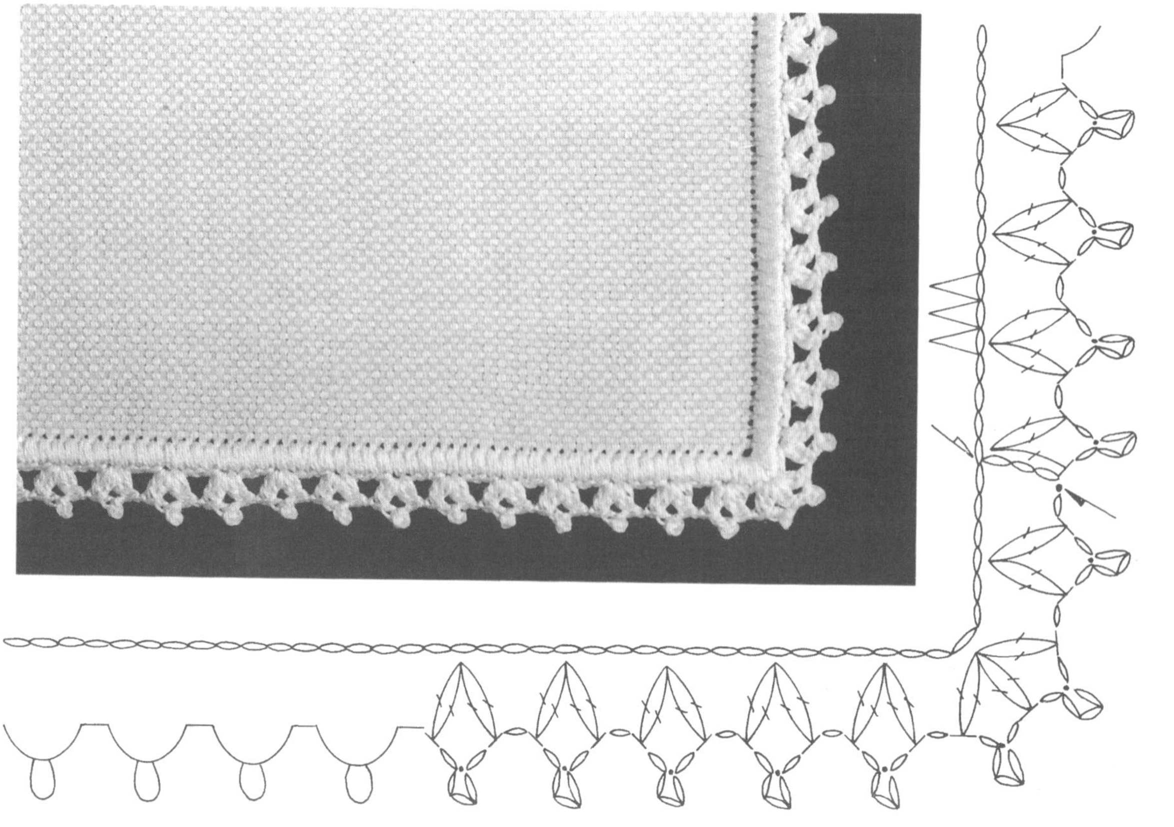

no.19

no.20

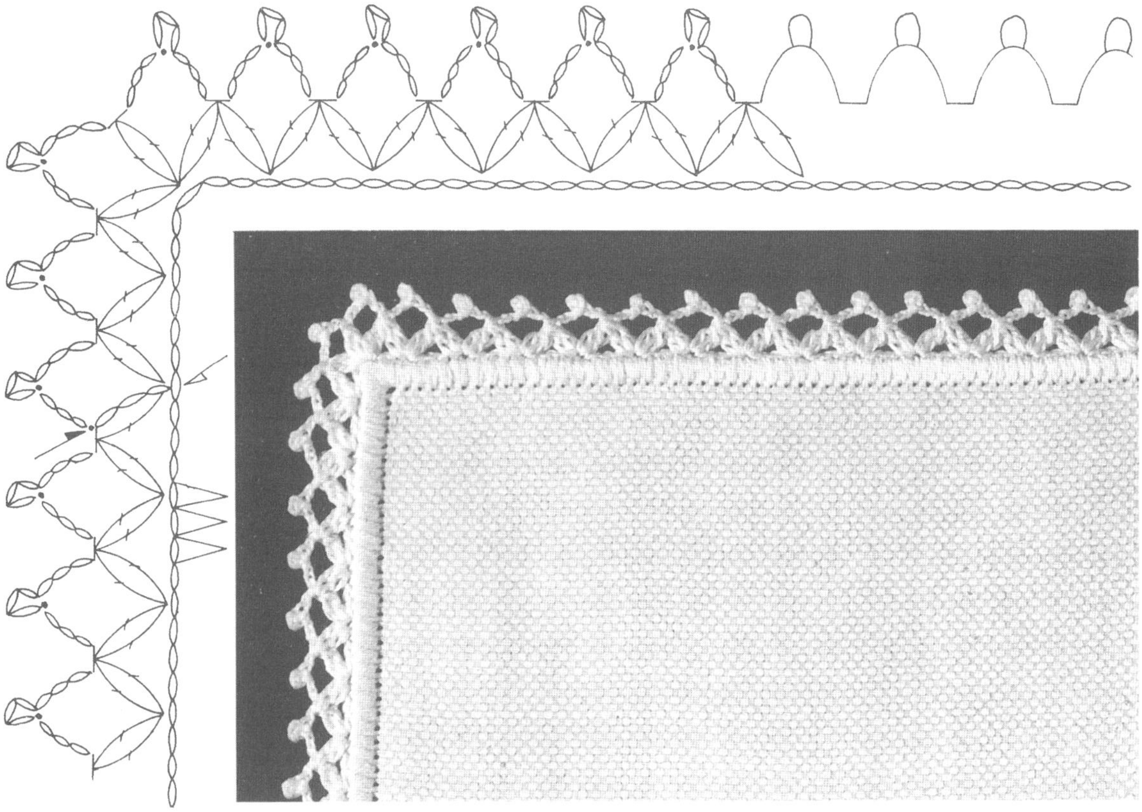

no.21

no.22

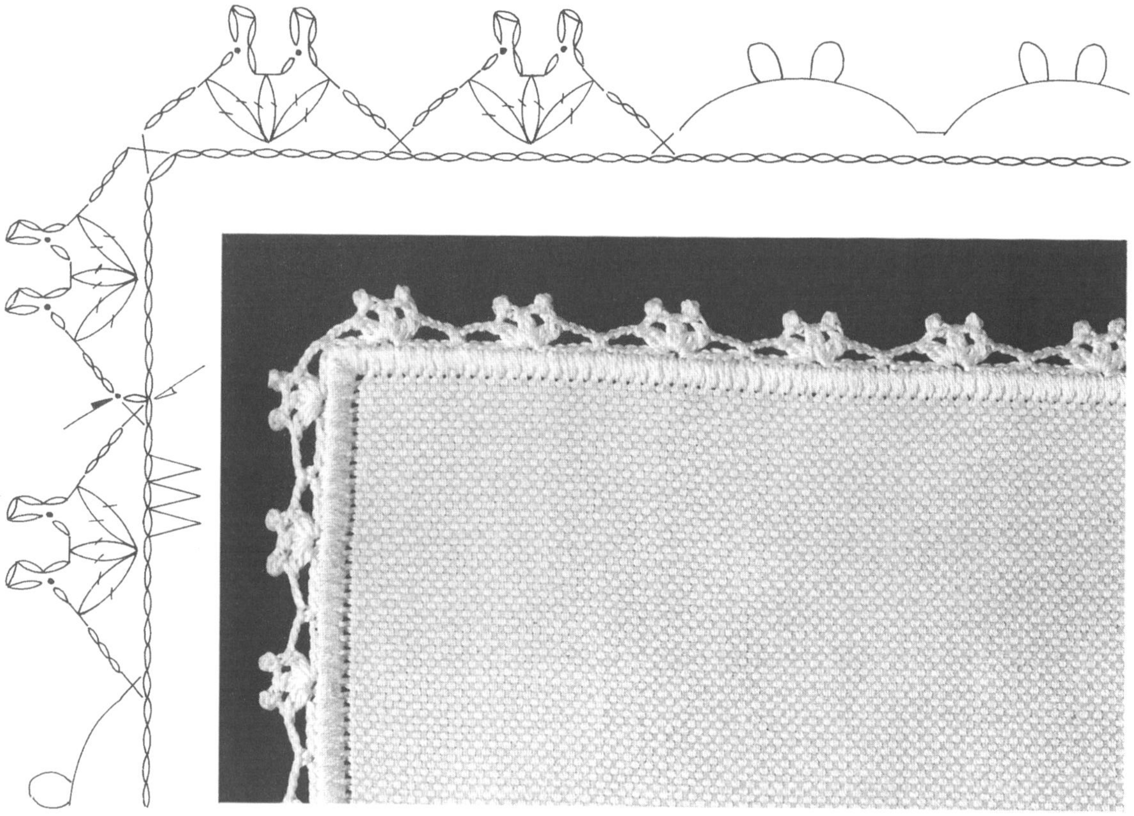

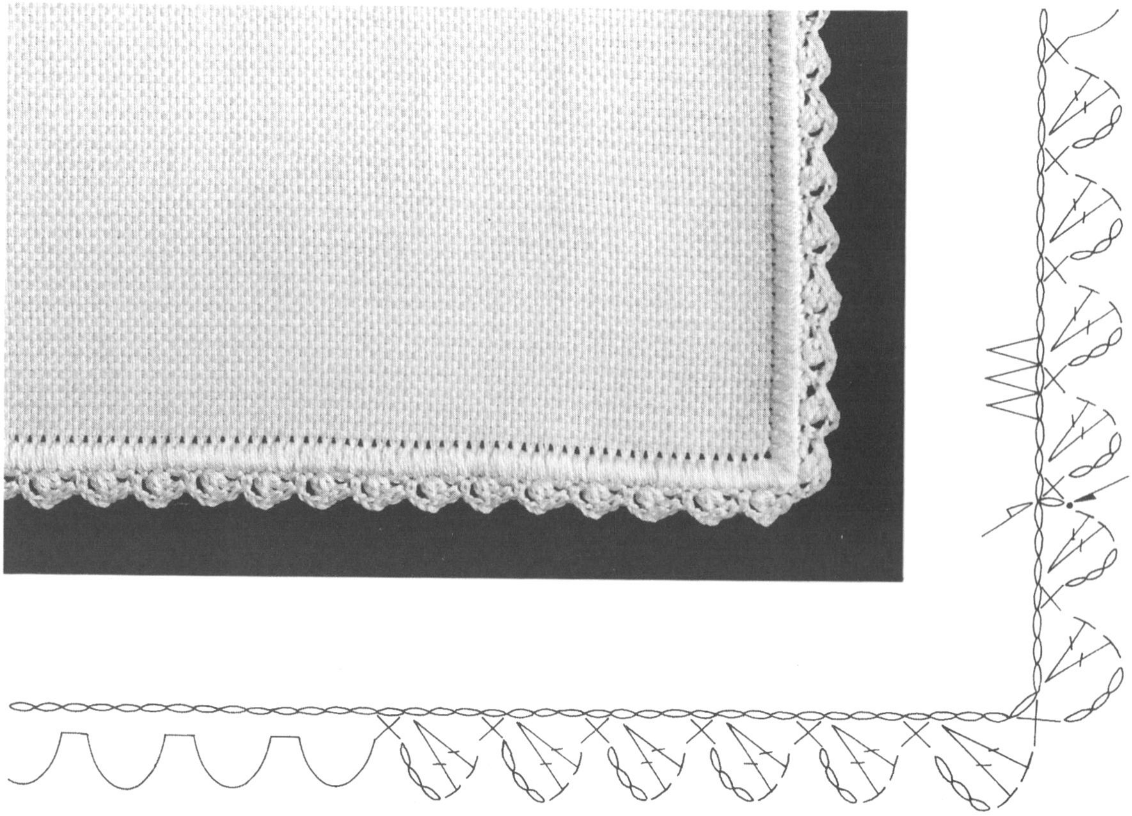

no.23

no.24

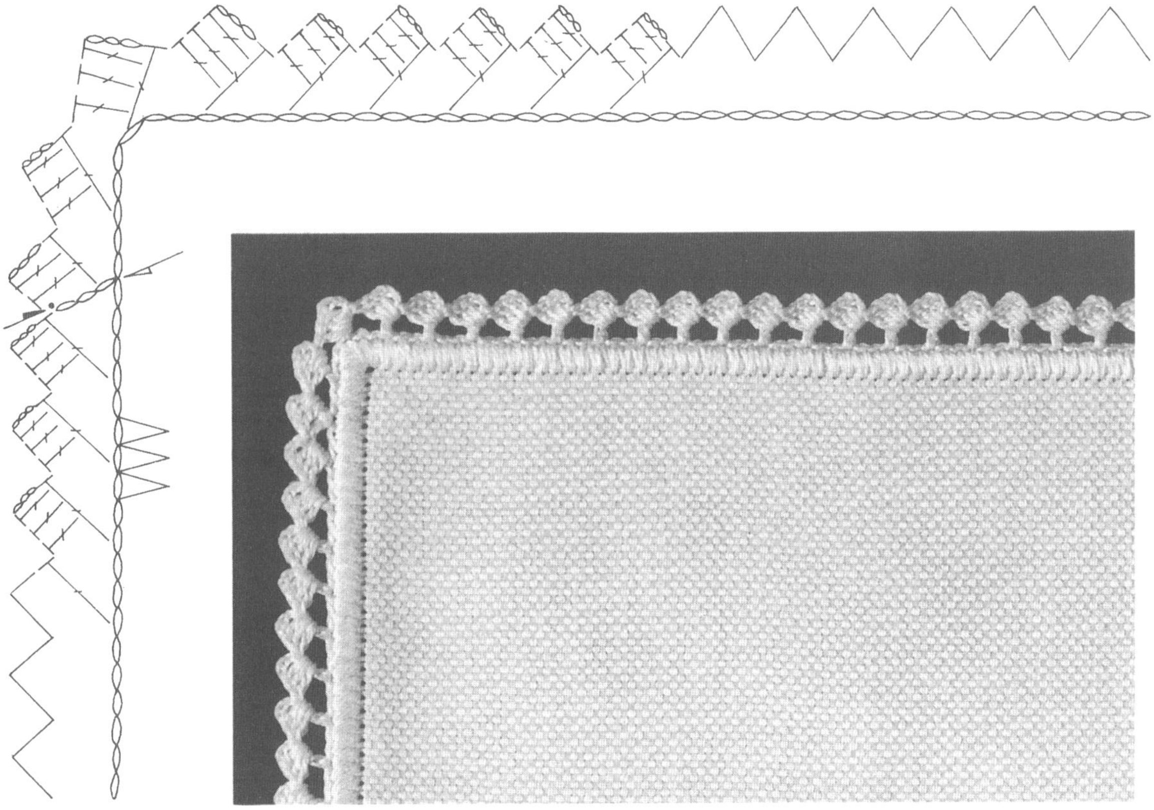

no.25

no.26

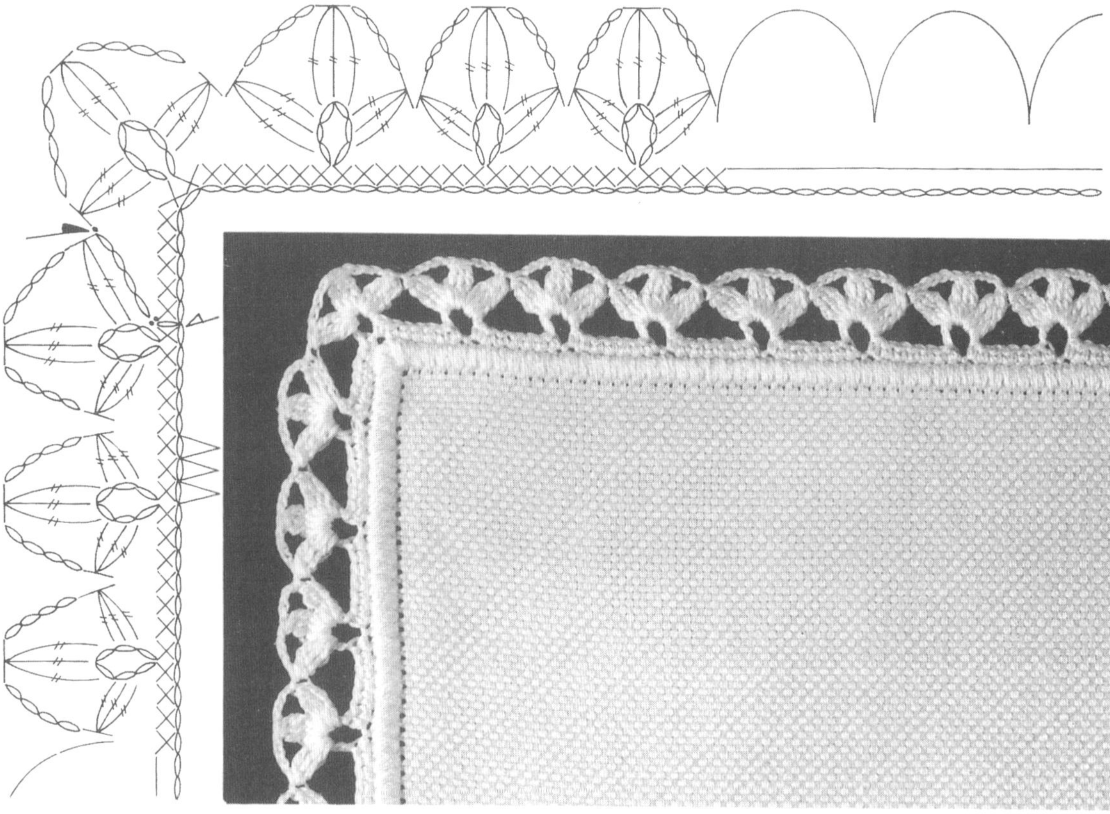

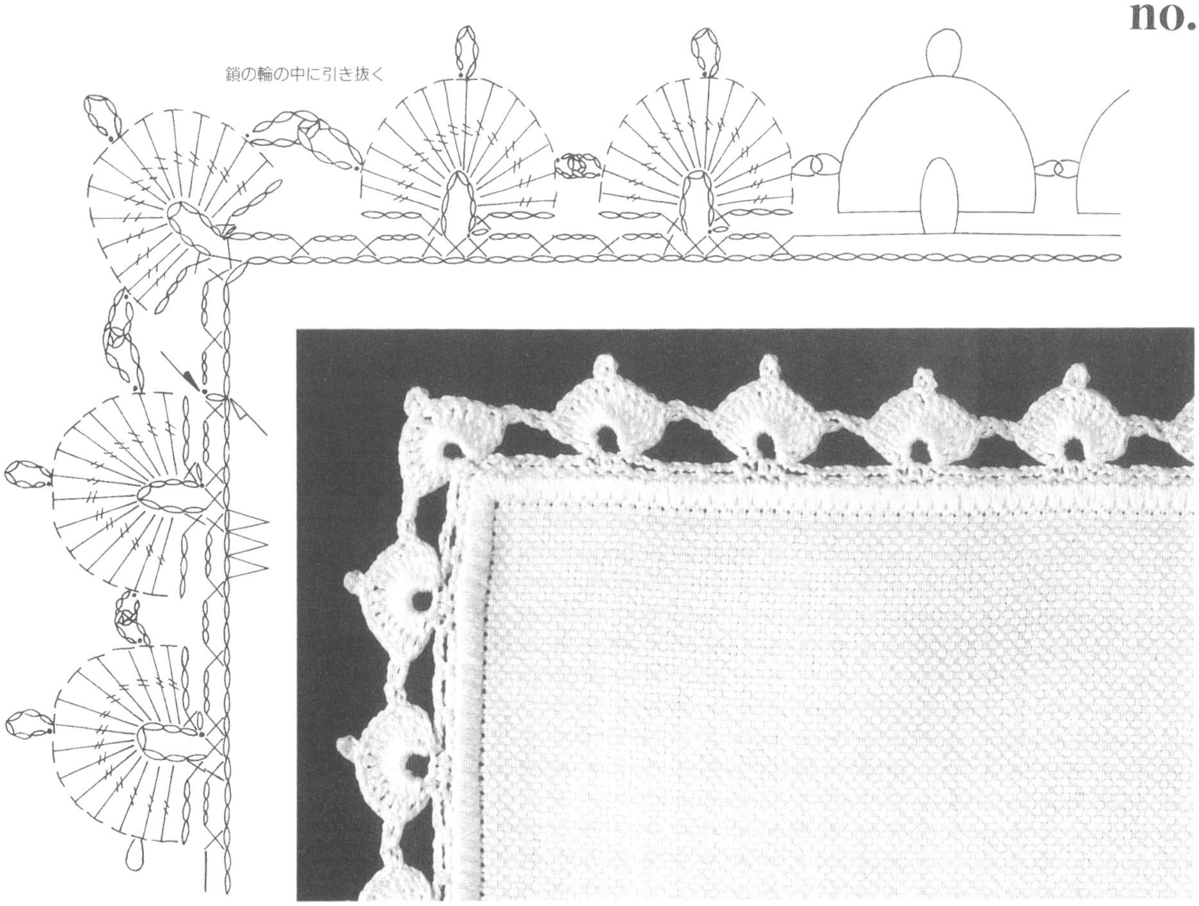
鎖の輪の中に引き抜く

no.29

no.30

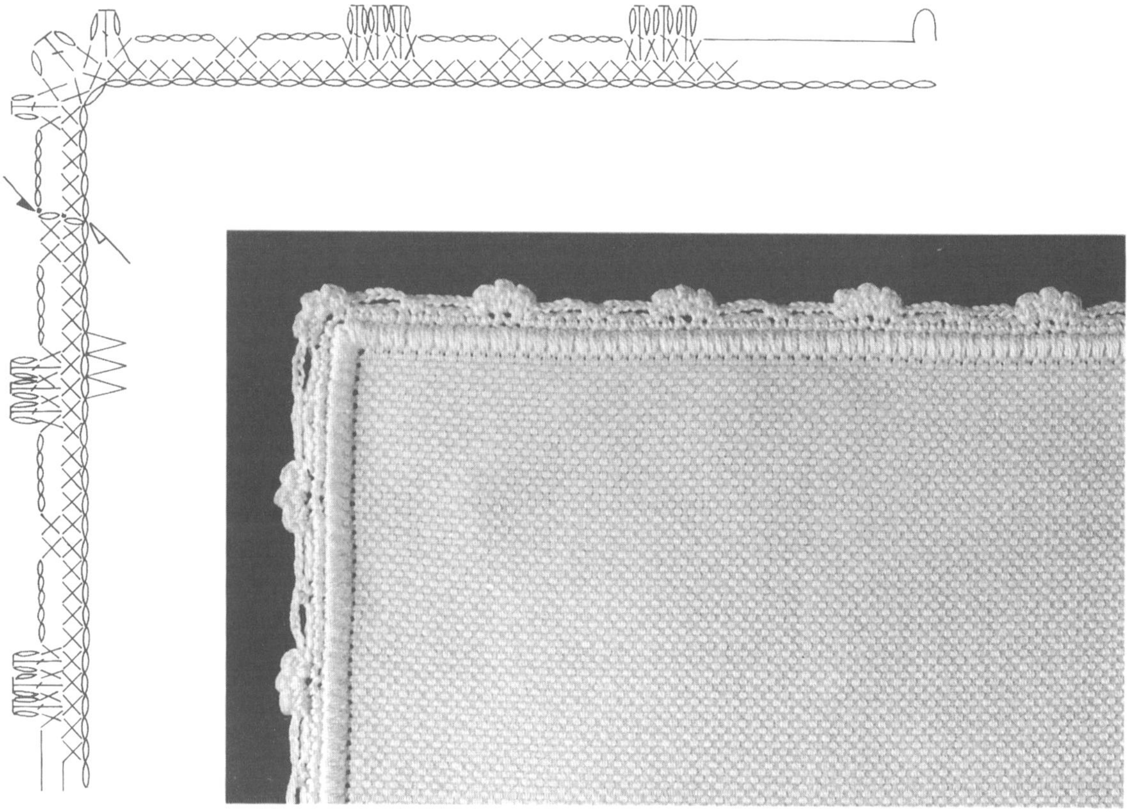

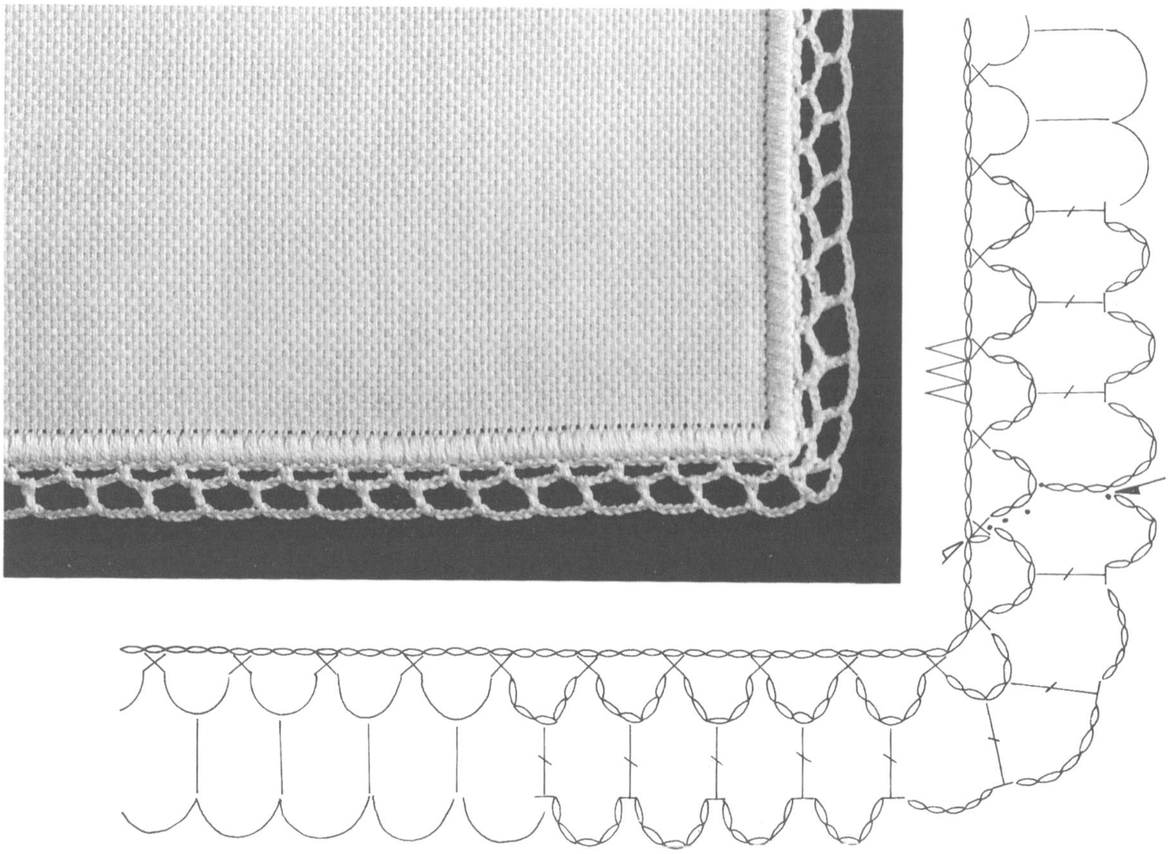

no.33

no.34

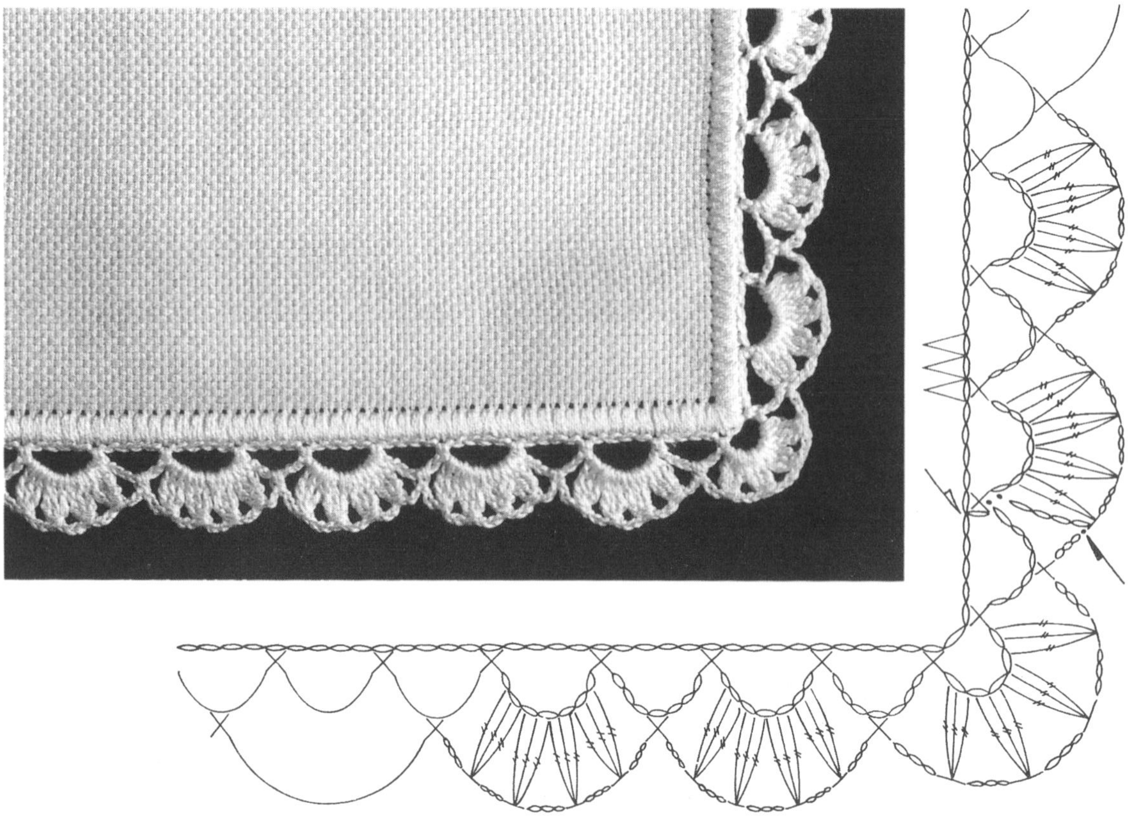

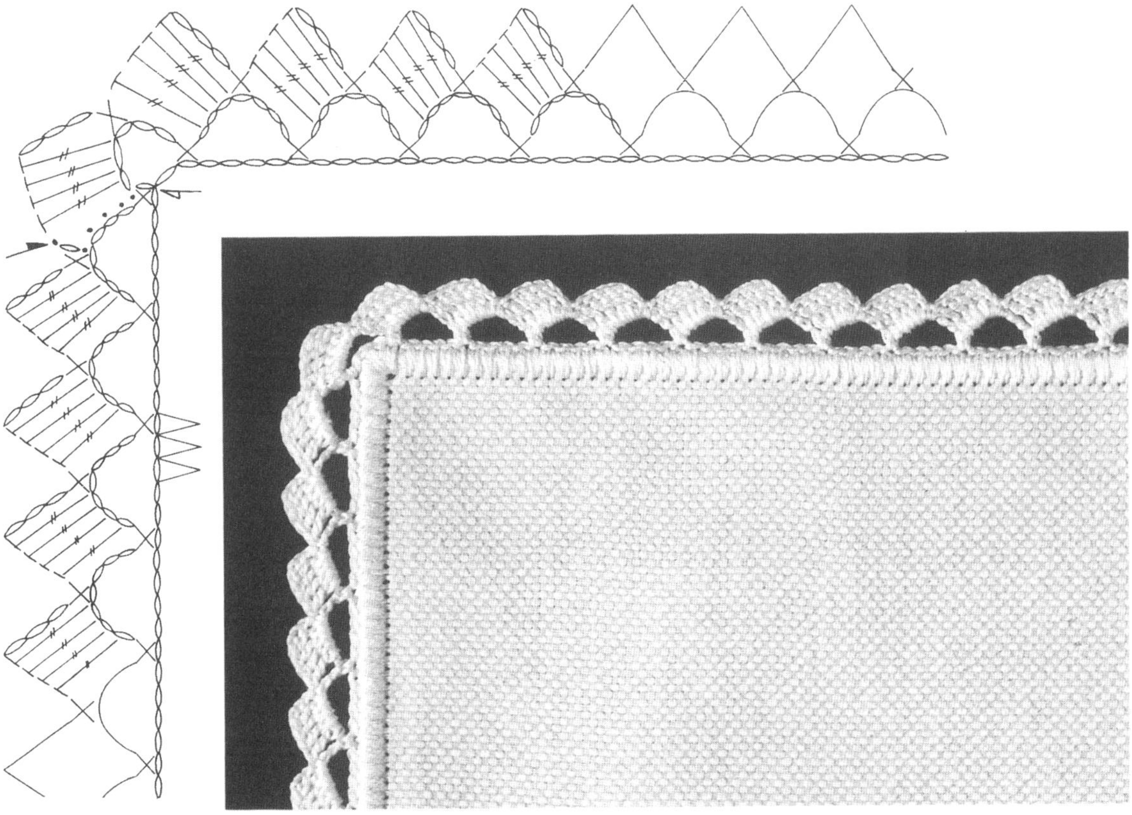

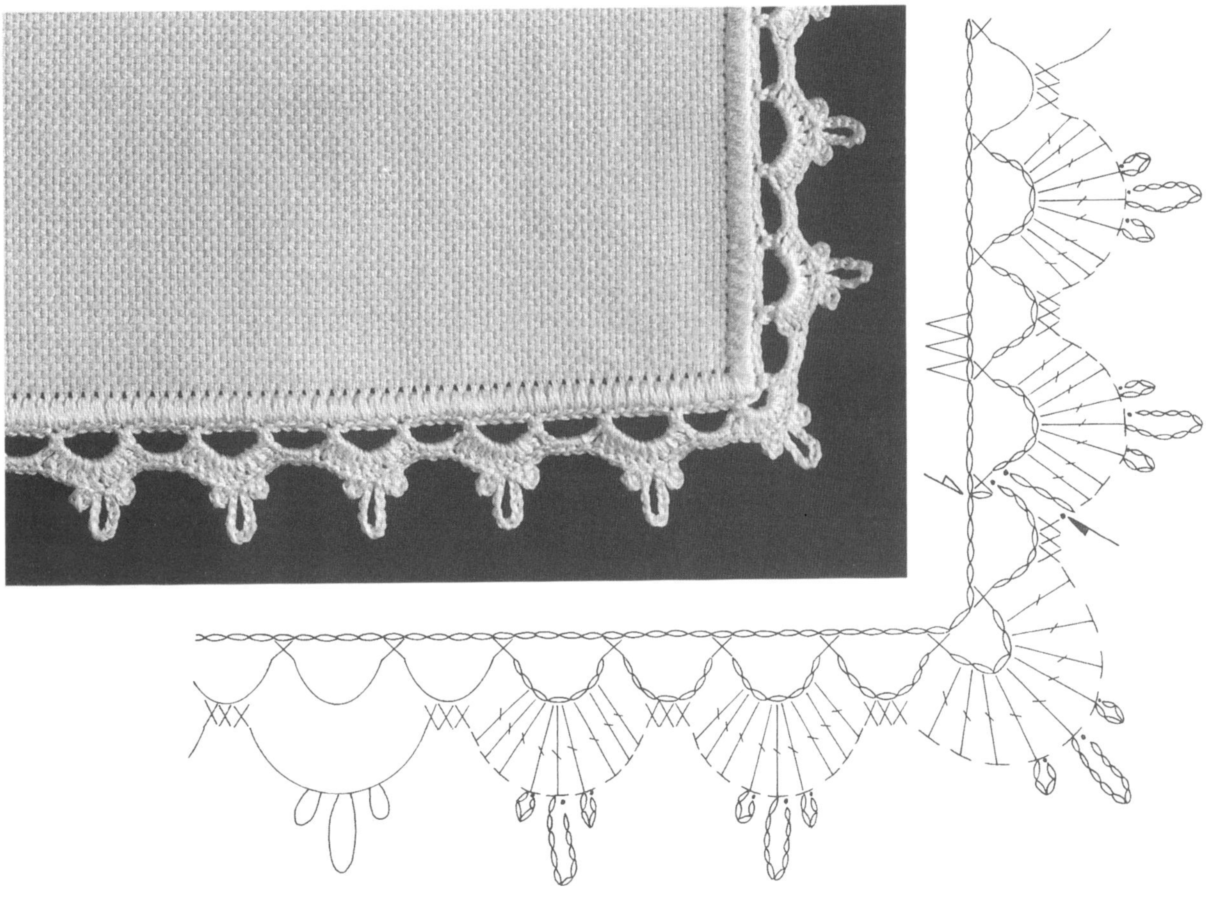

no.37

no.38

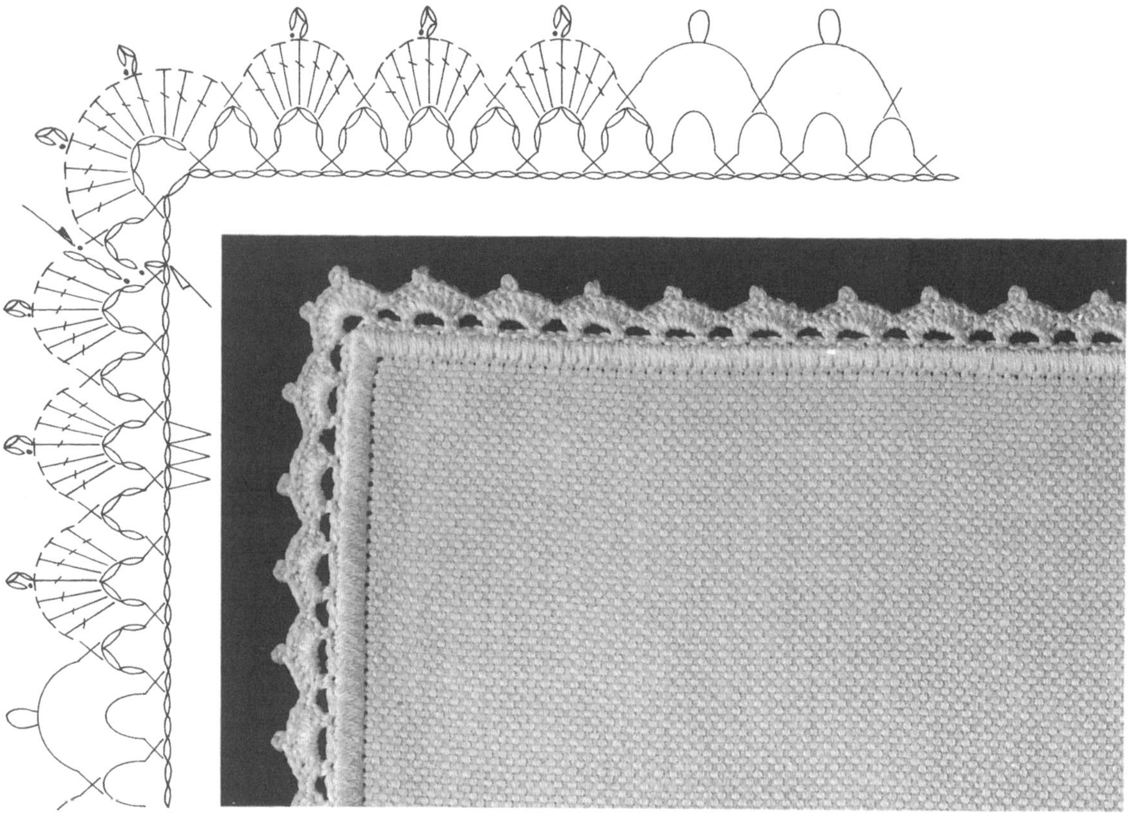

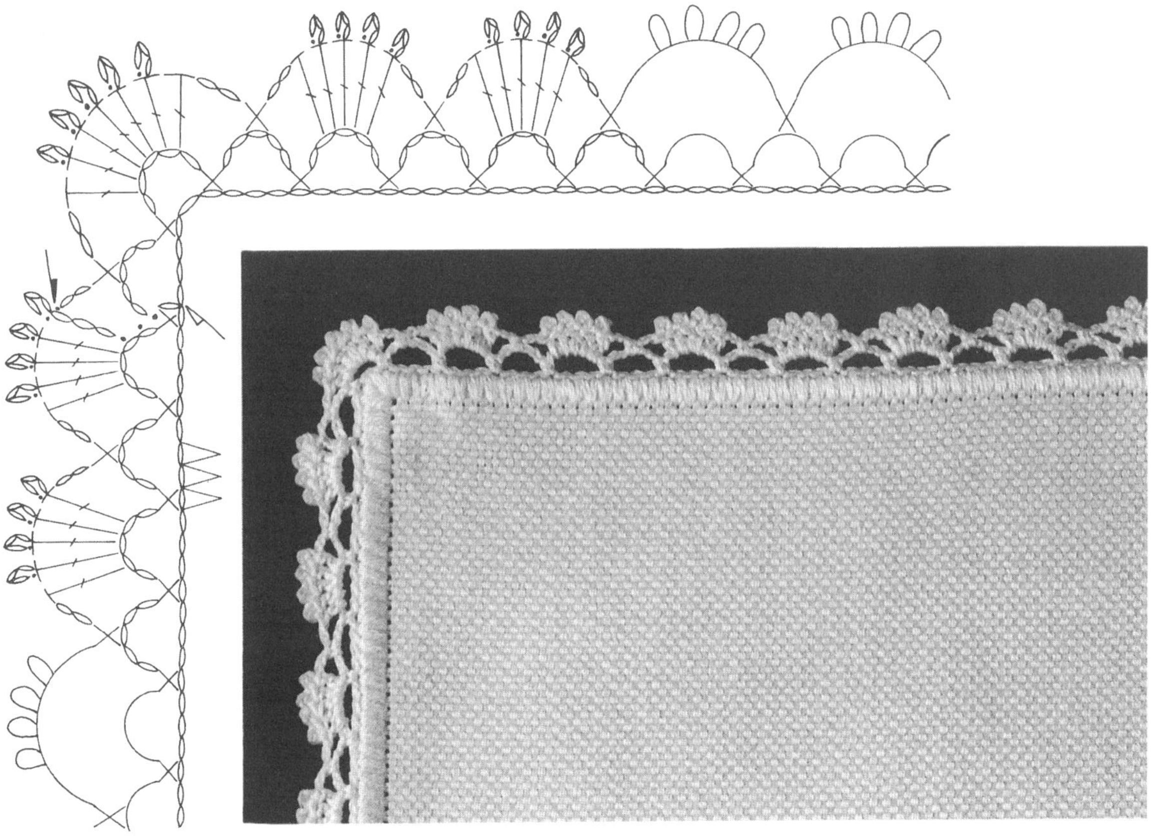

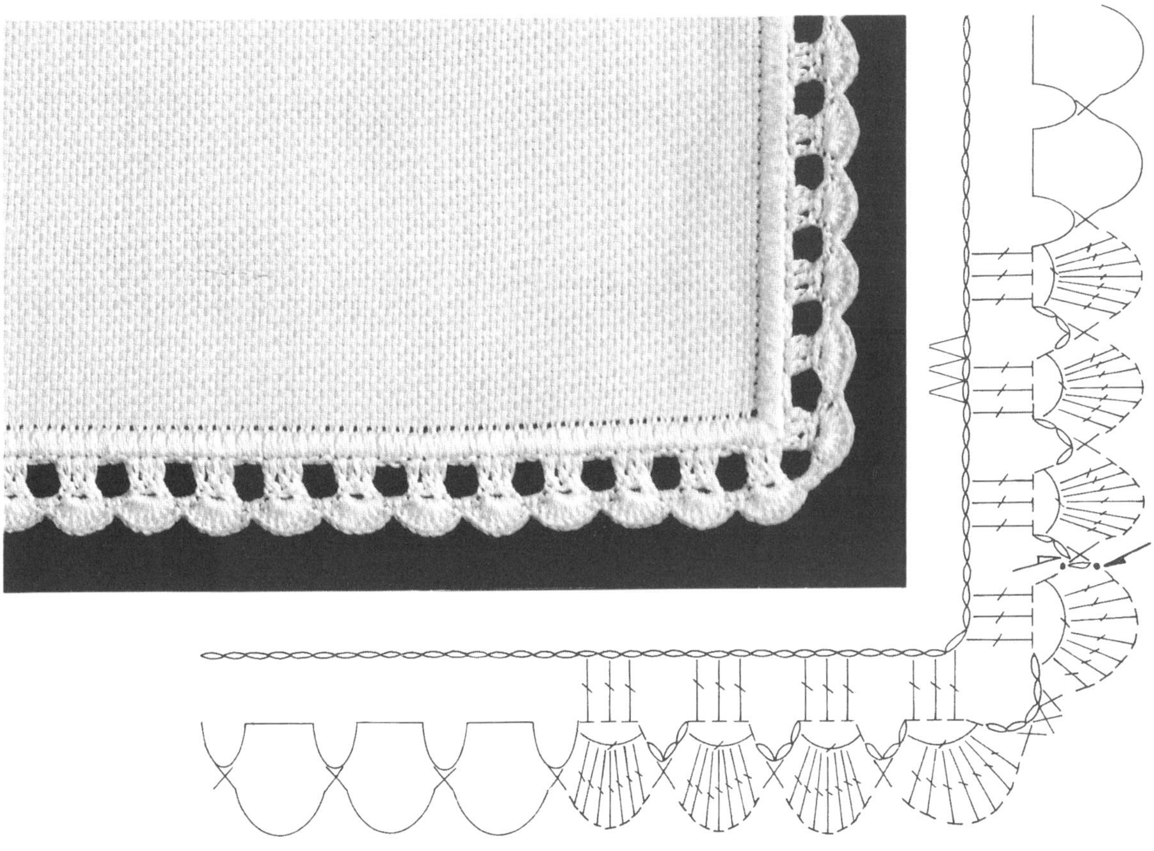

no.41

no.42

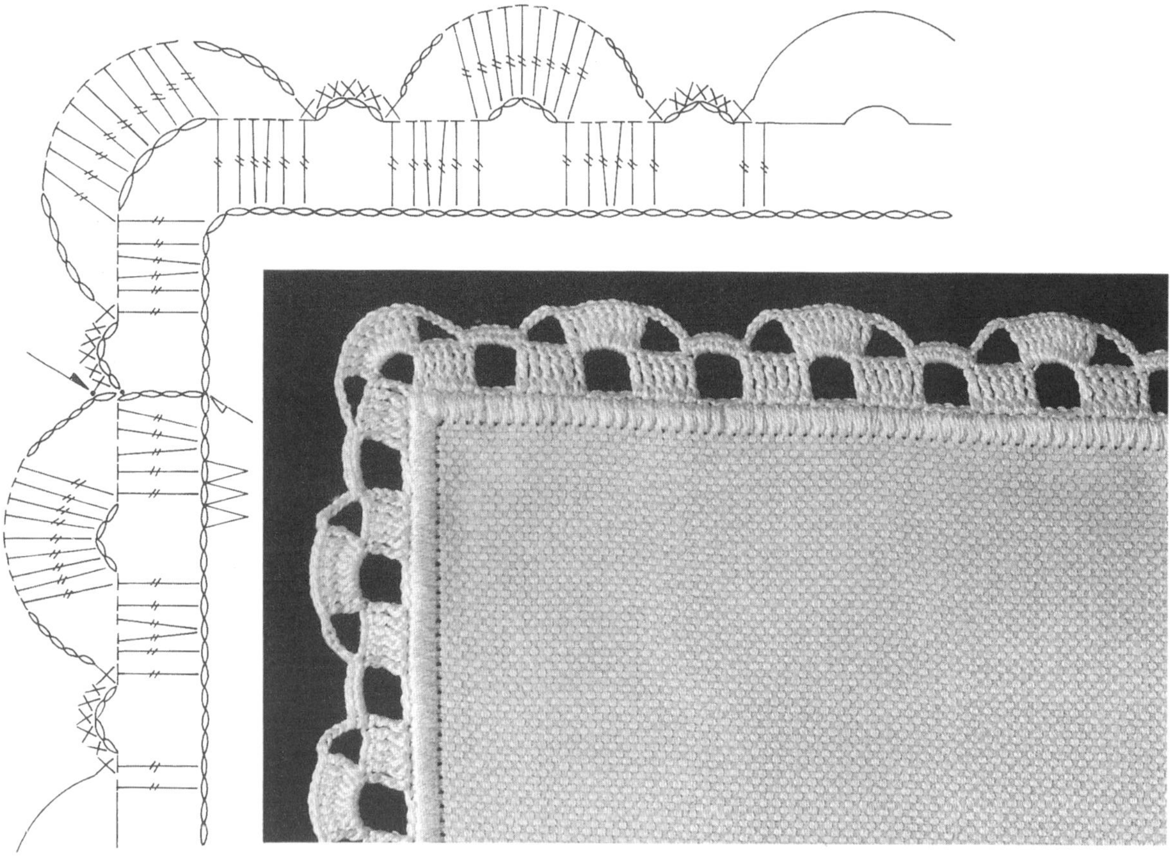

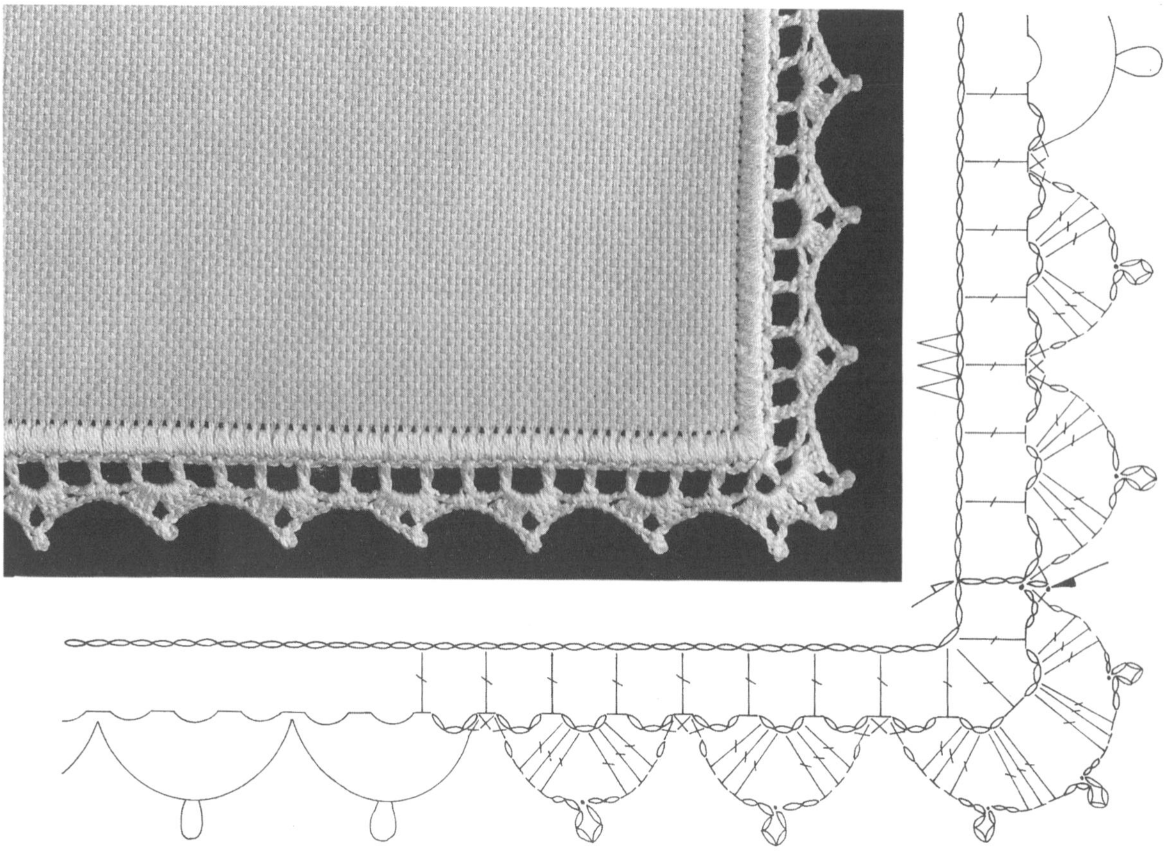

no.43

no.44

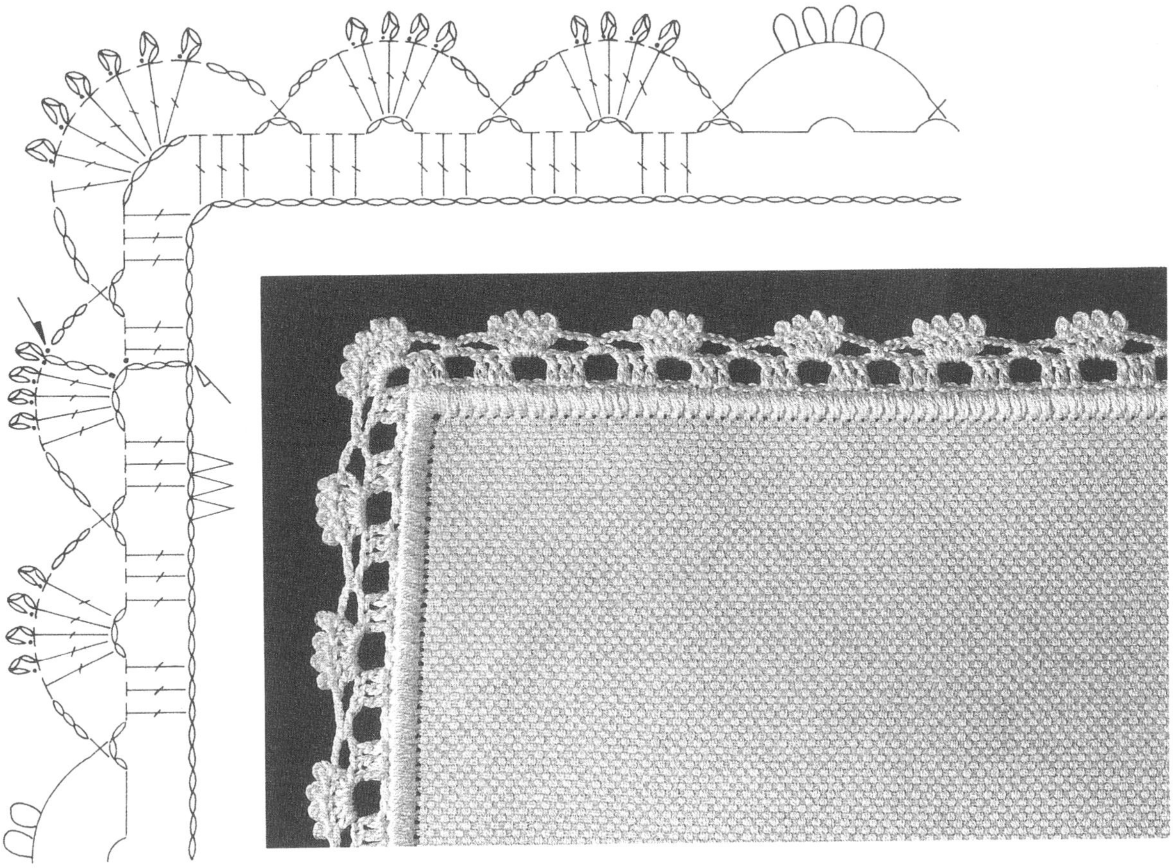

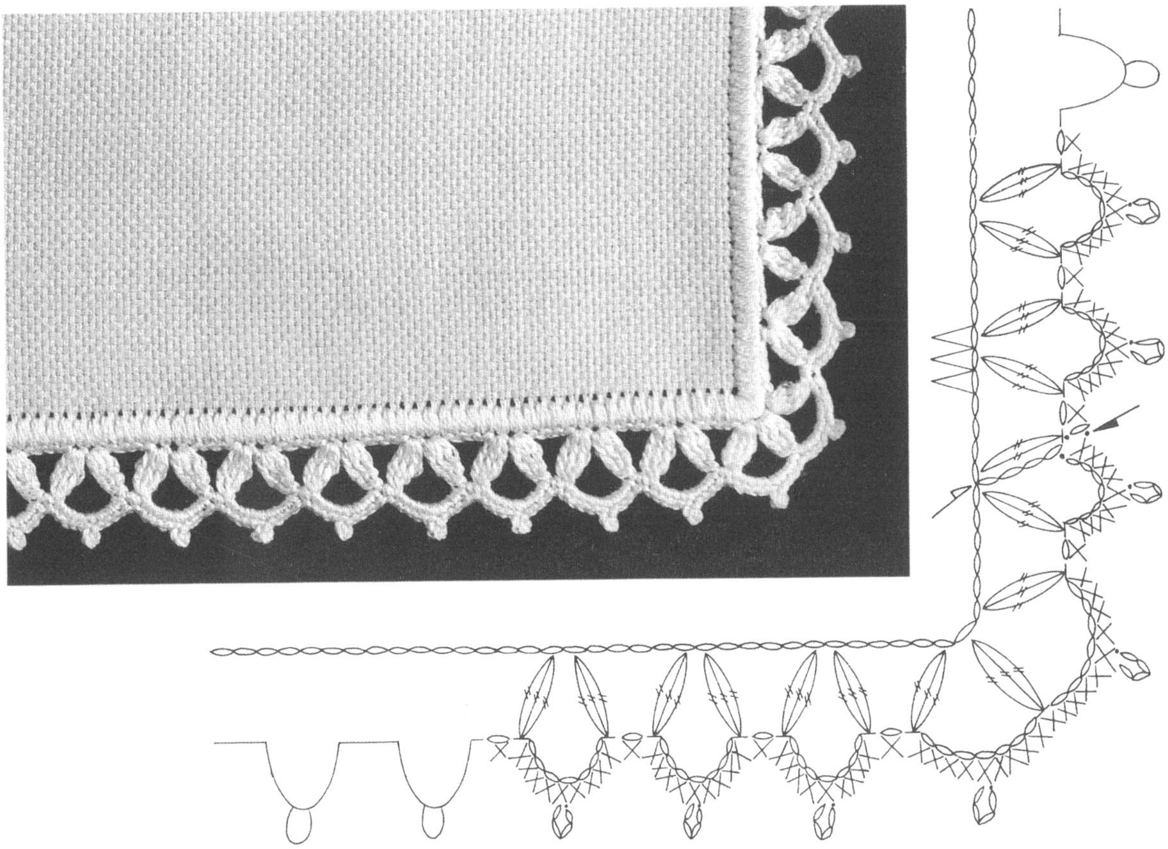

no.45

no.46

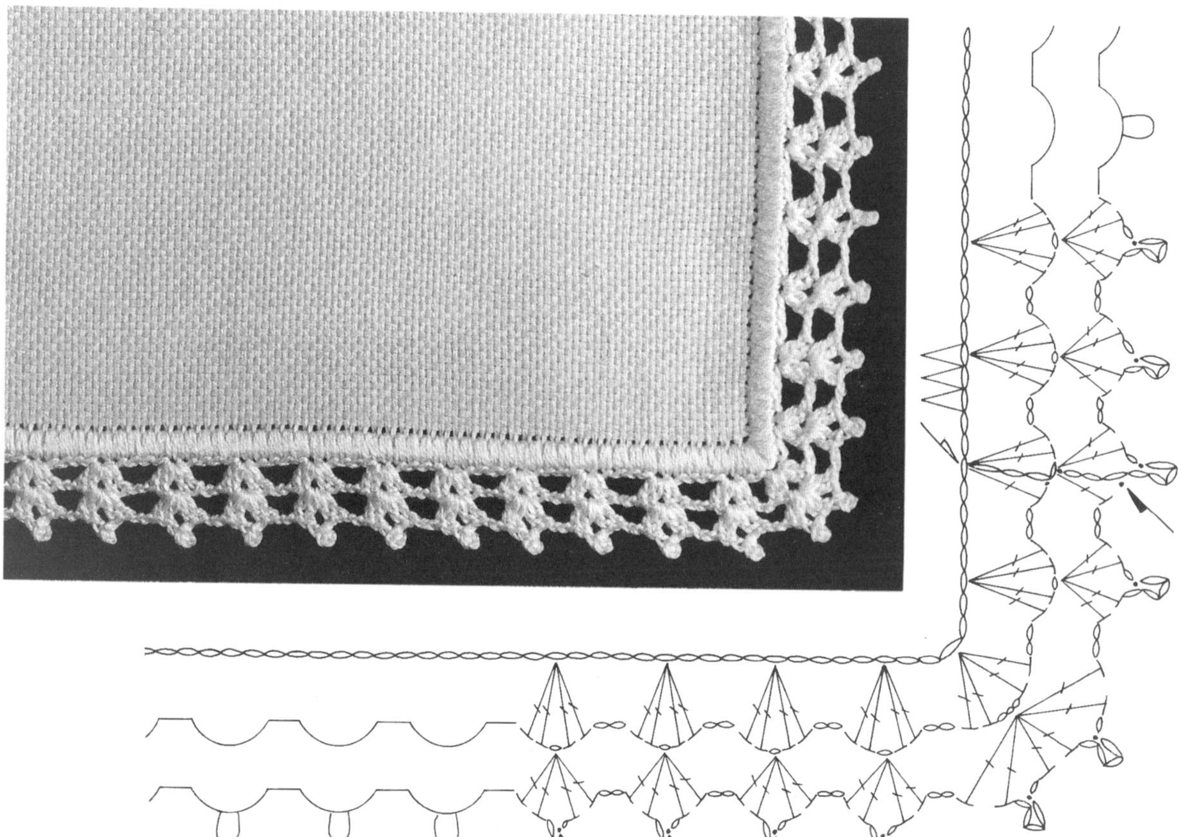

no.49

no.50

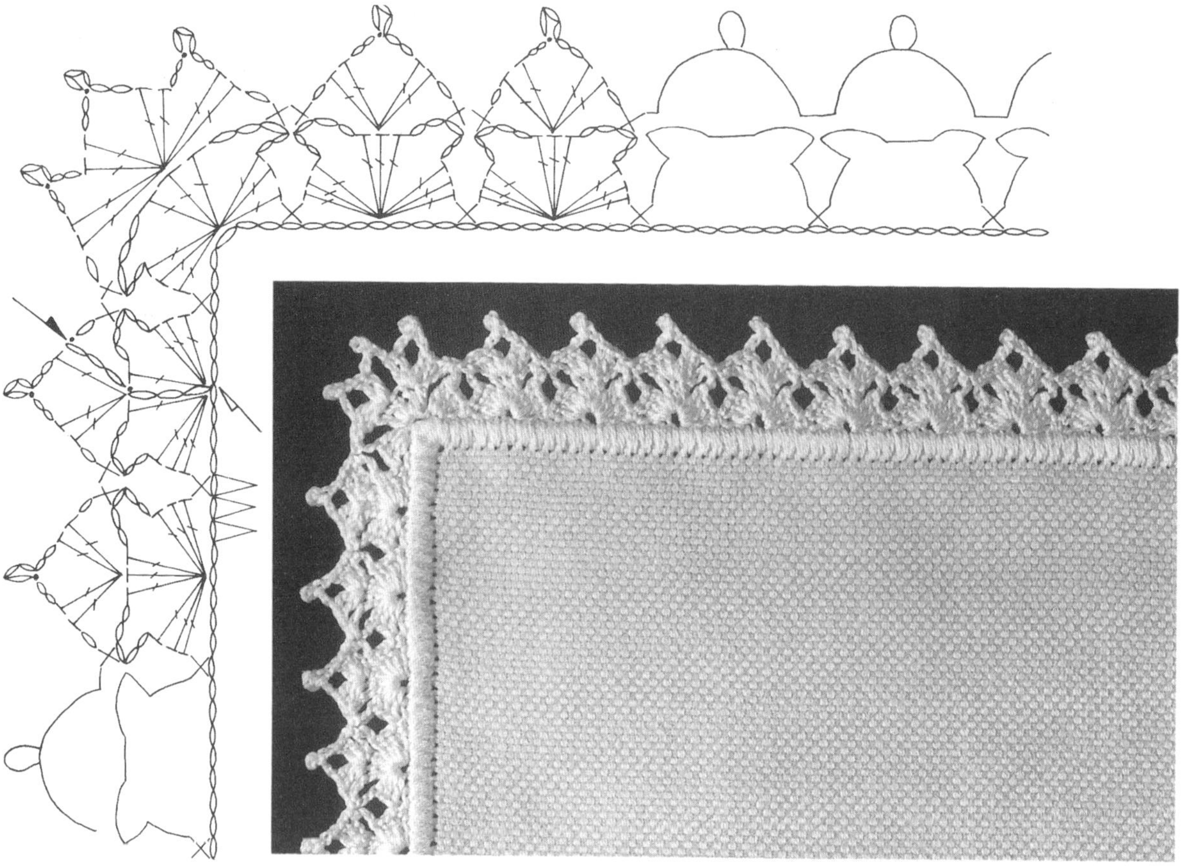

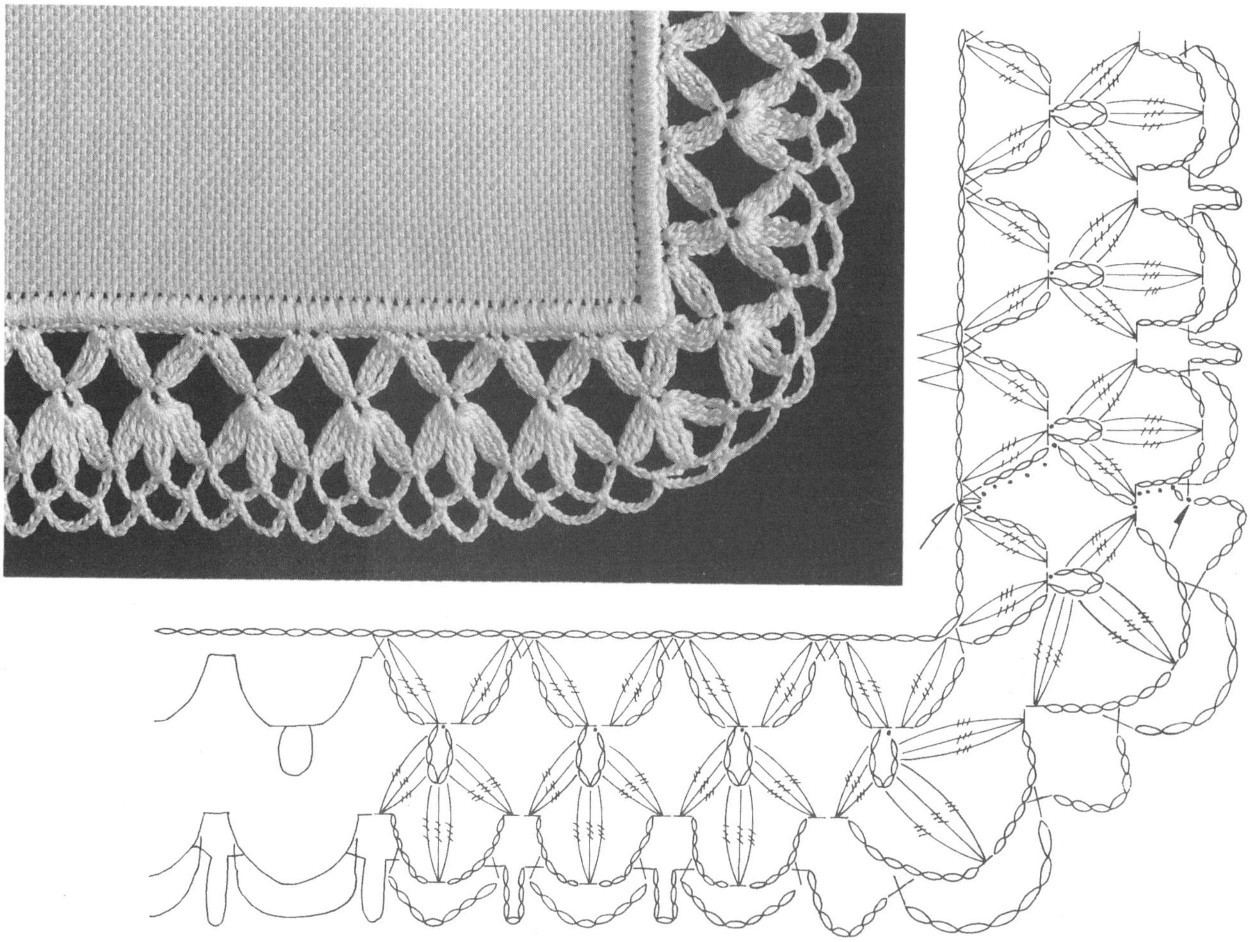

no.51

no.52

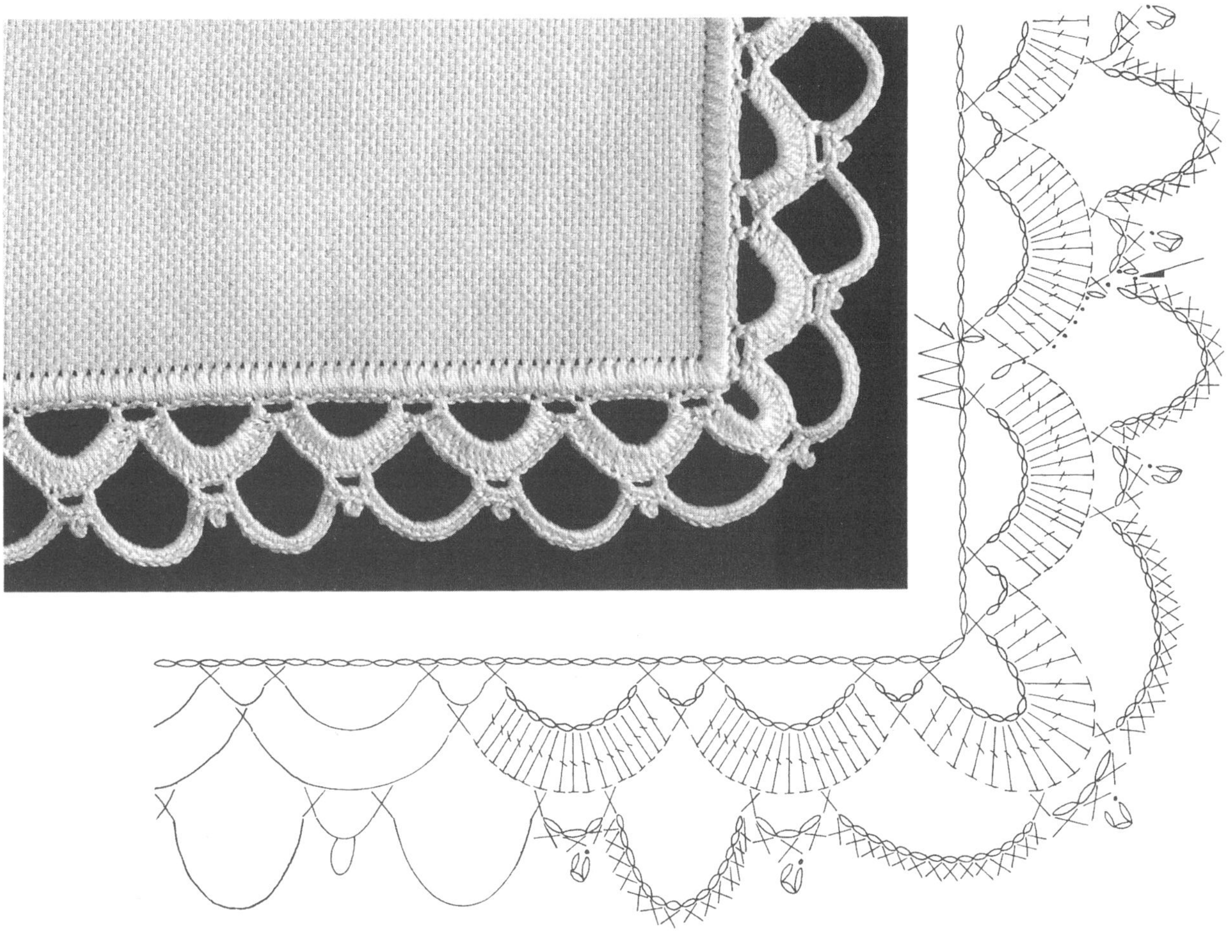

no.53

no.54

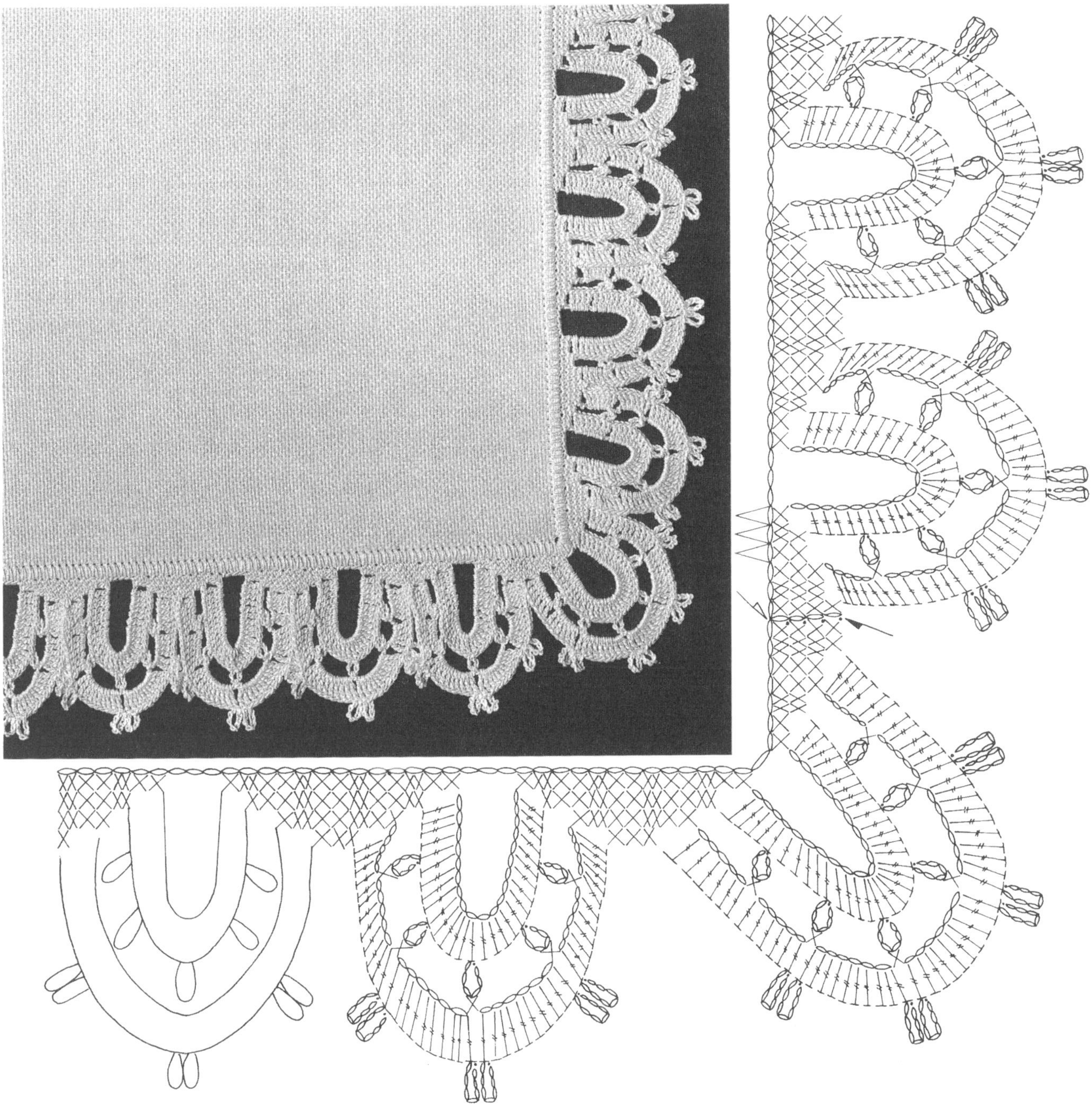

no.55

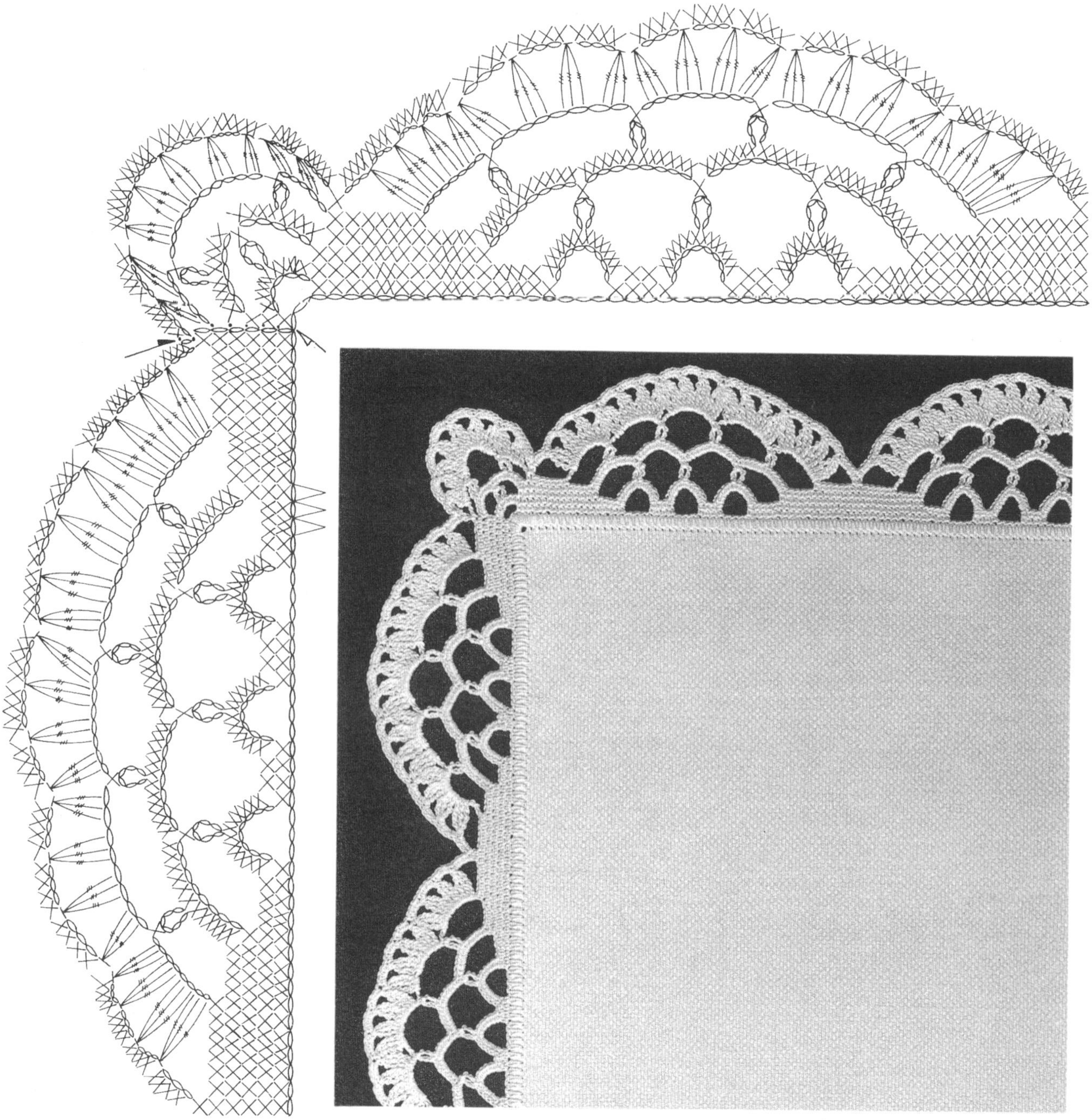

no.56

no.57

no.58

no.59

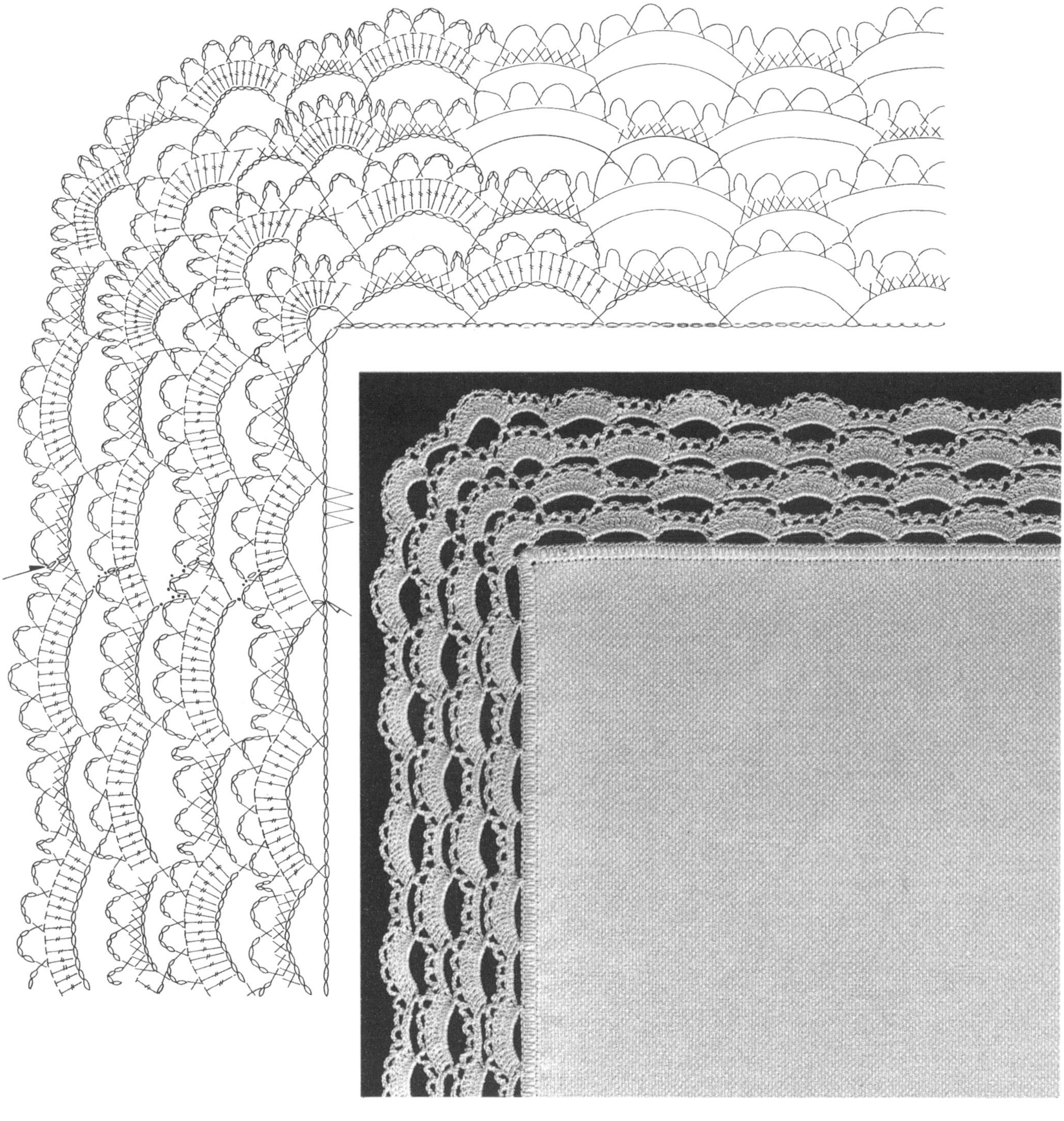

no.60

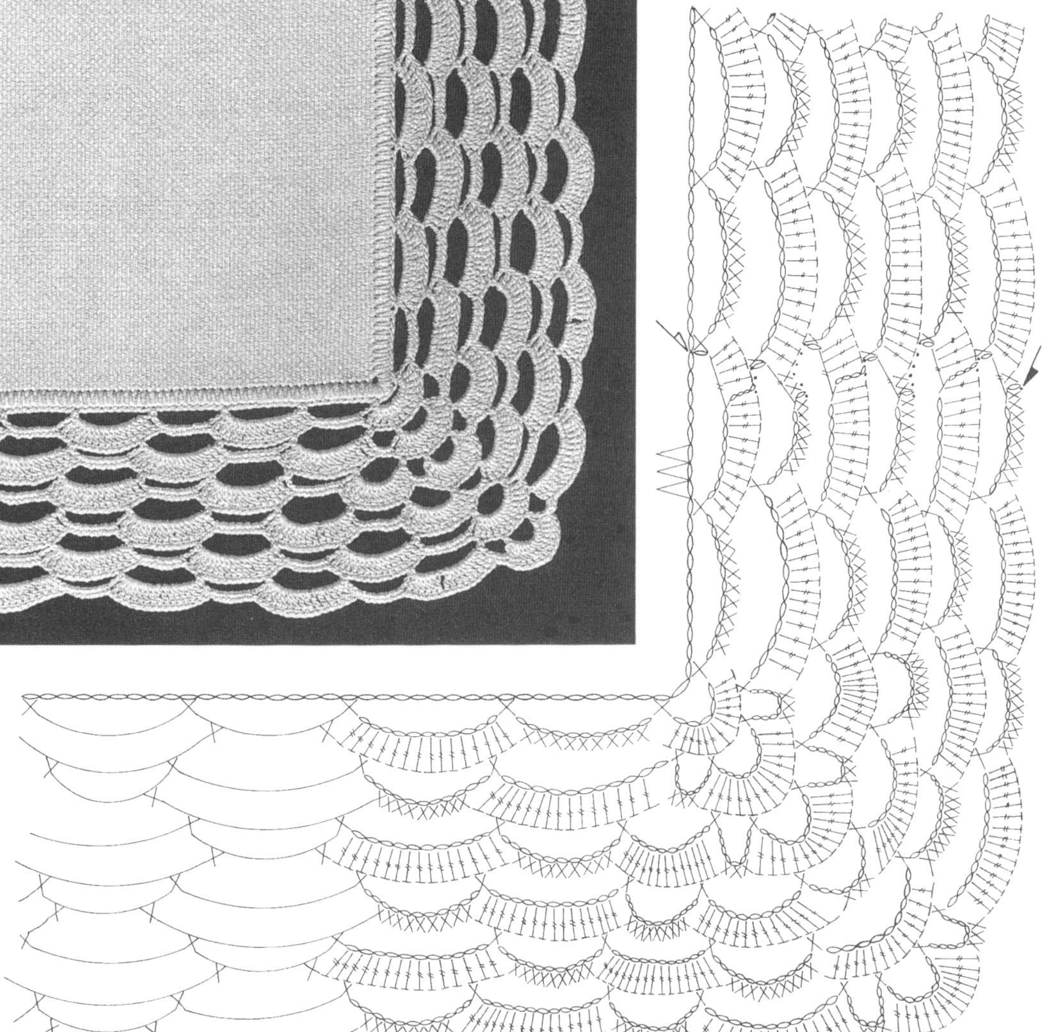

no.61

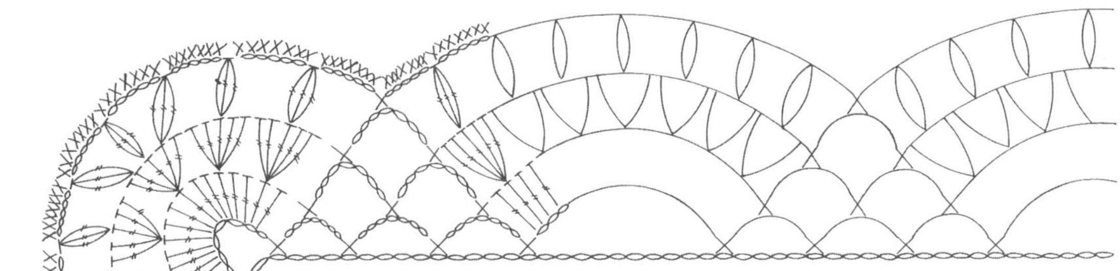

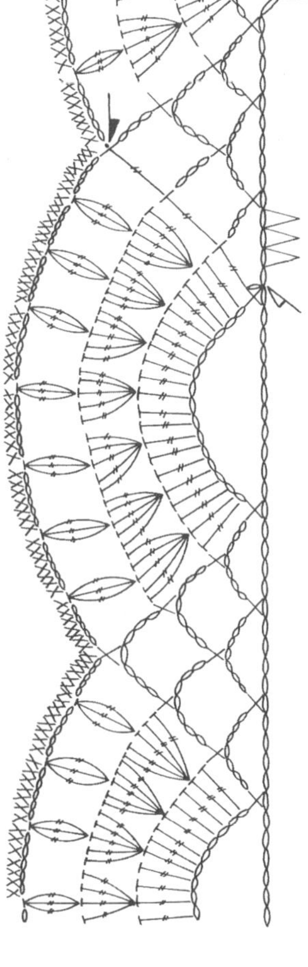

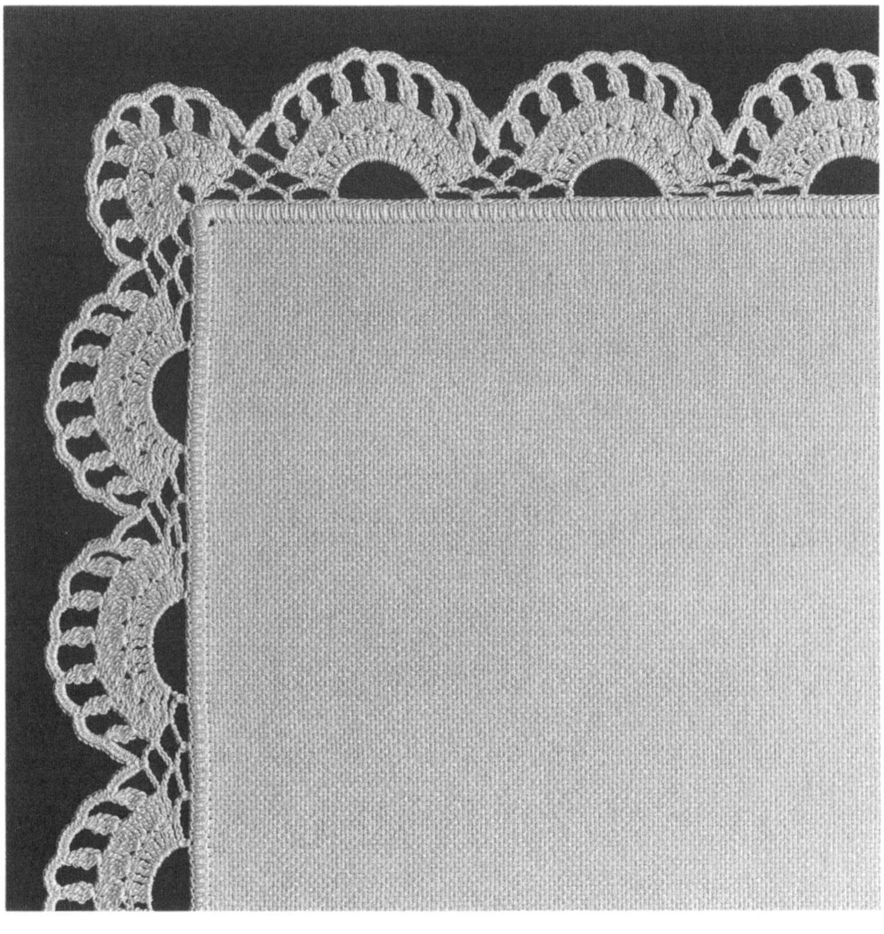

no.62

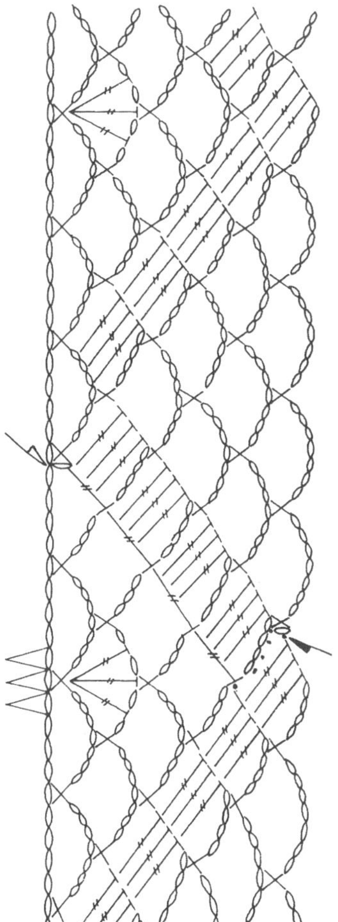

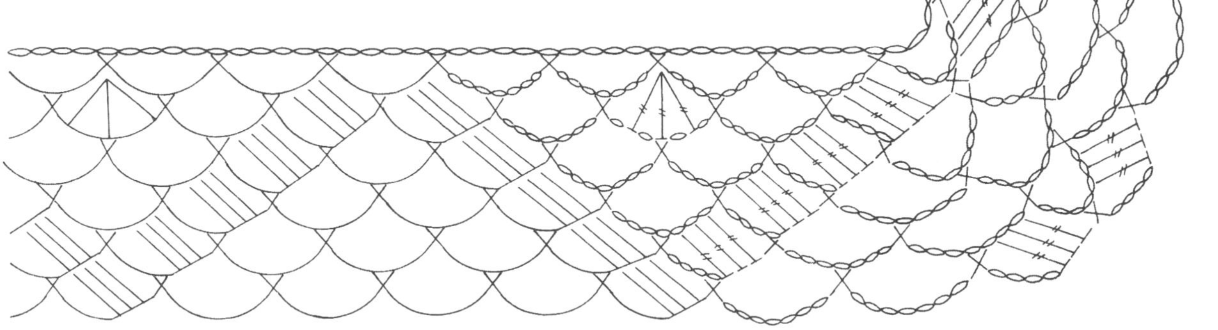

no.63

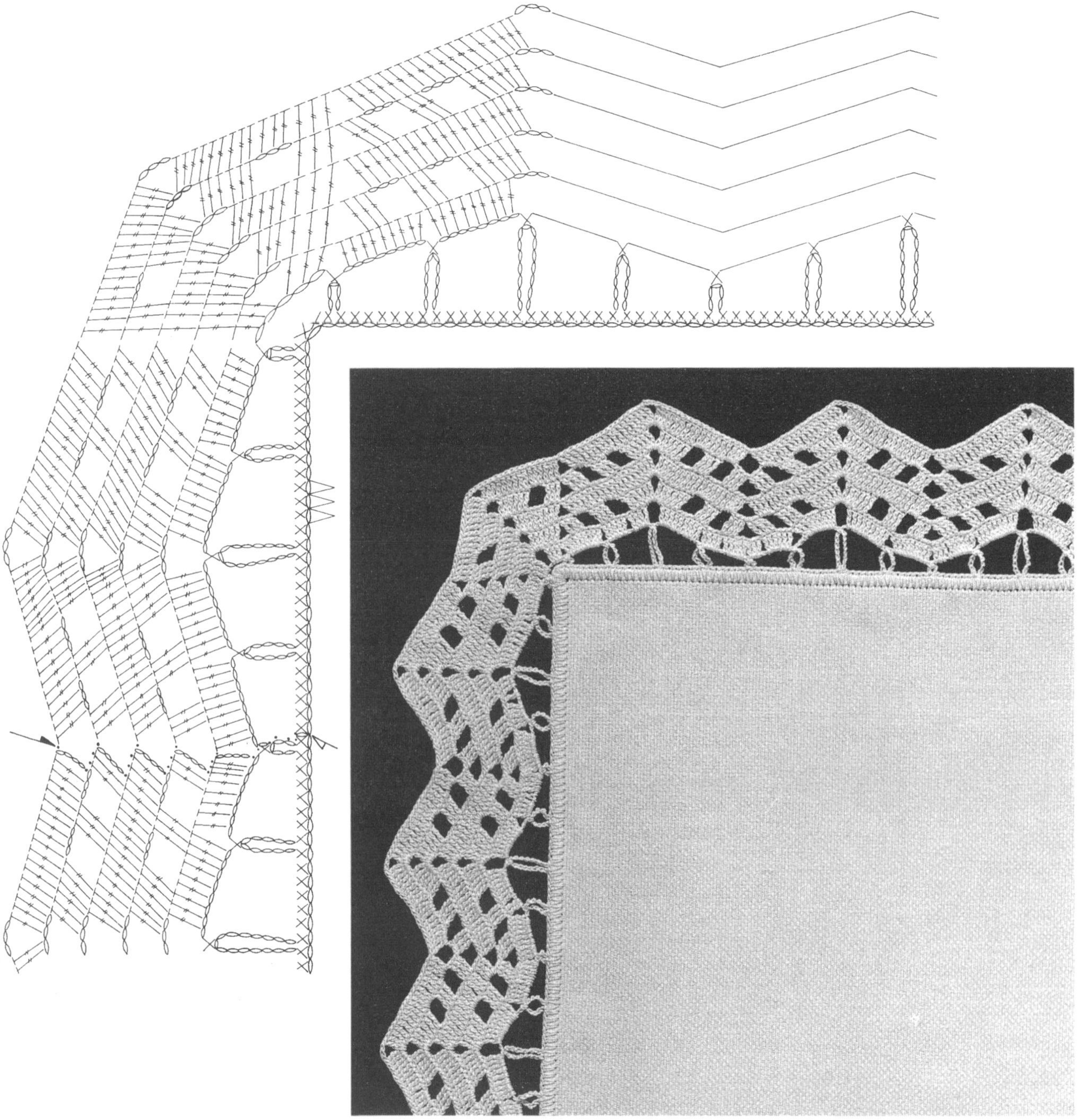

no.64

no.65

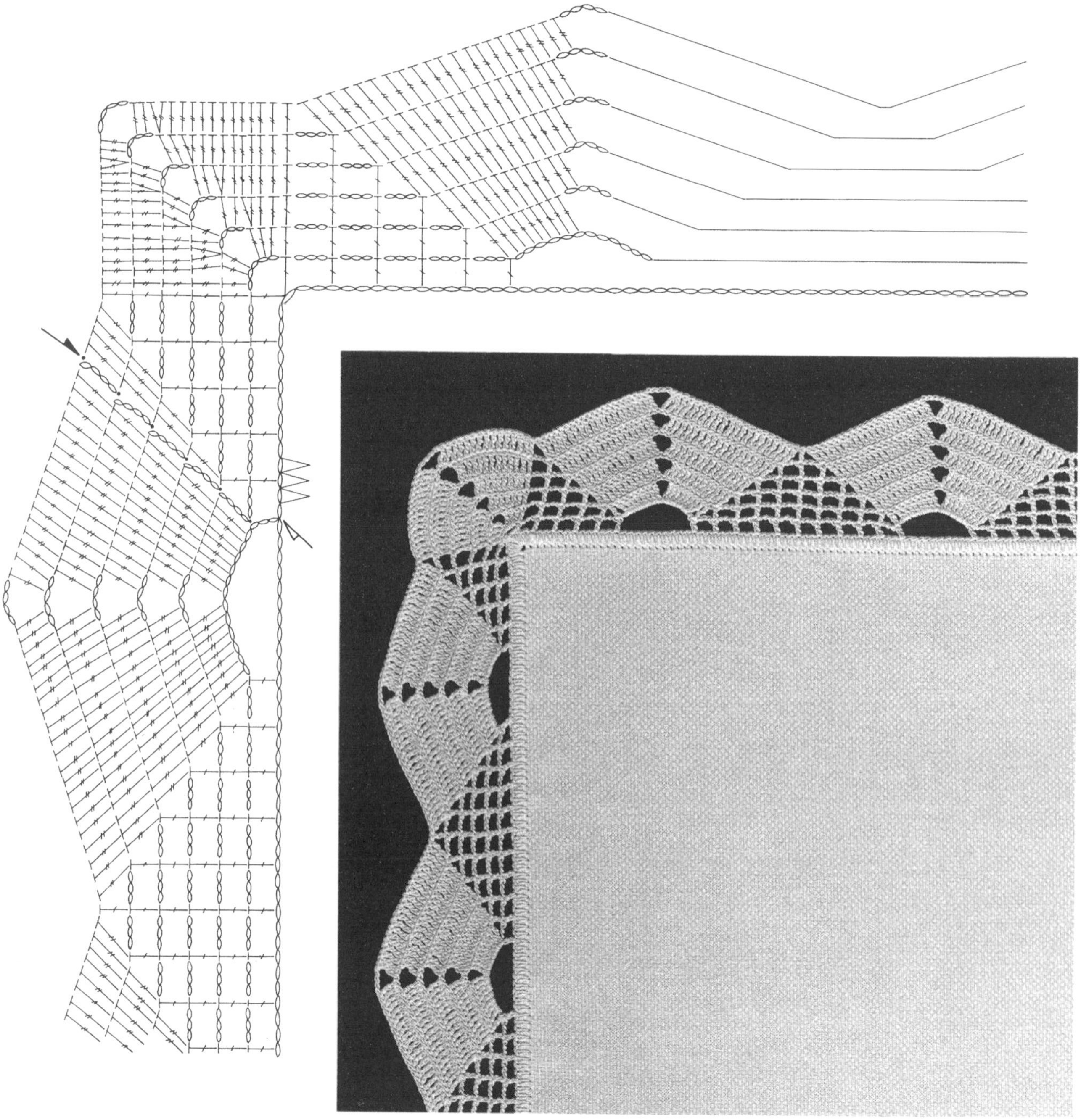

no.66

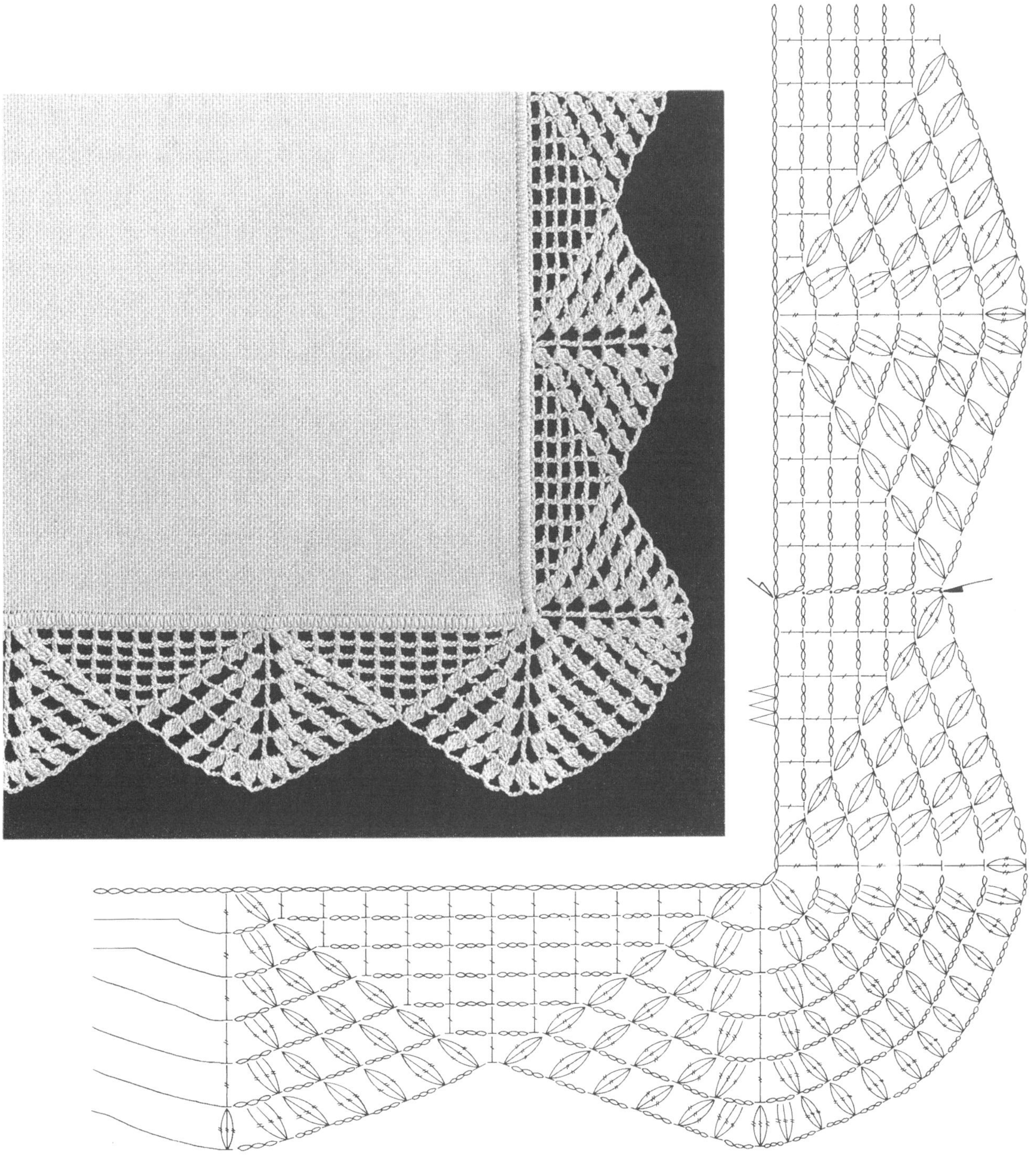

no.67

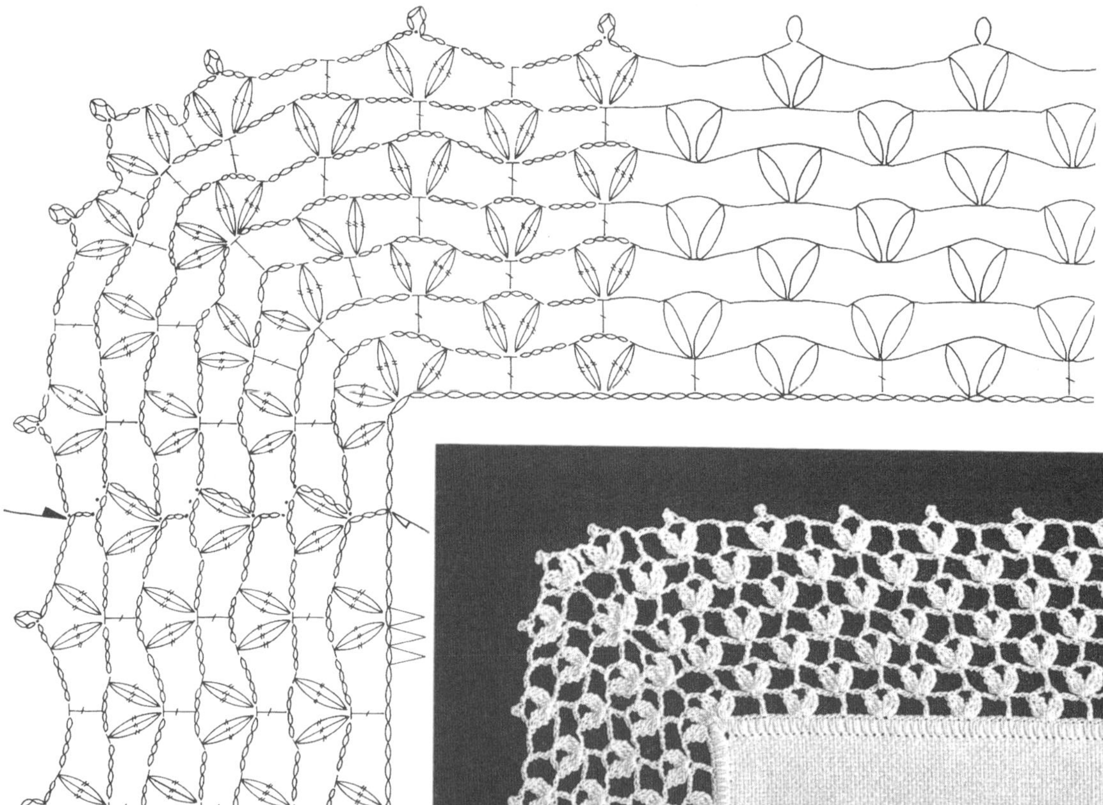

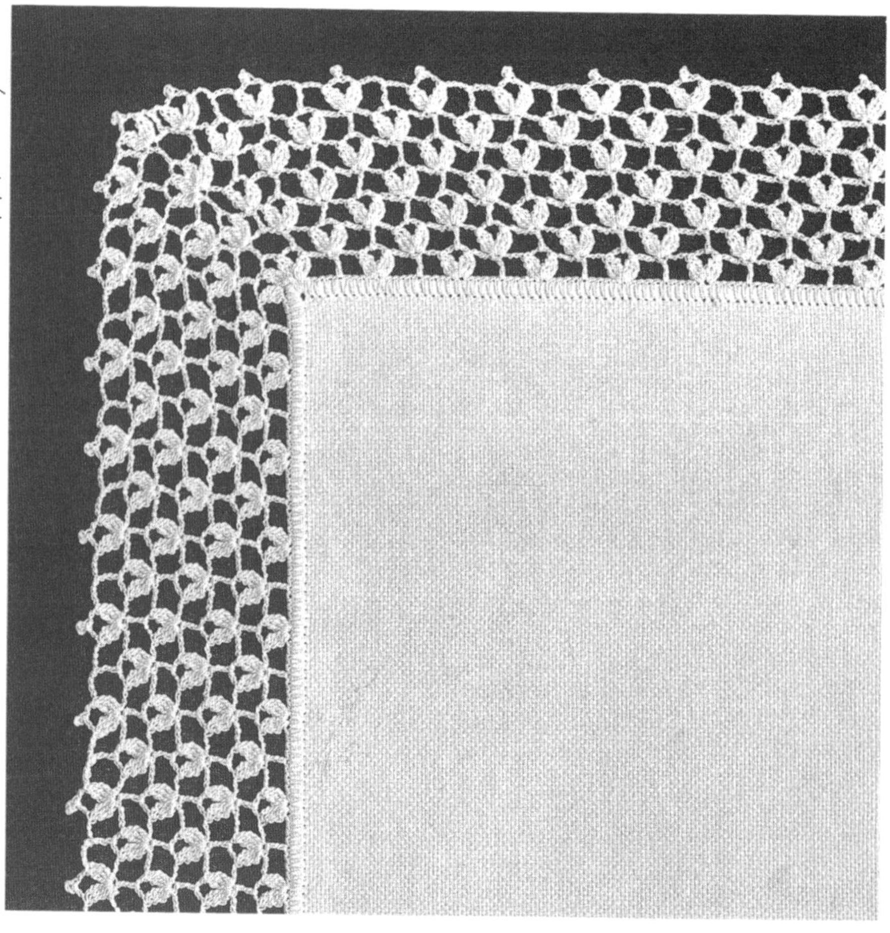

no.68

no.69

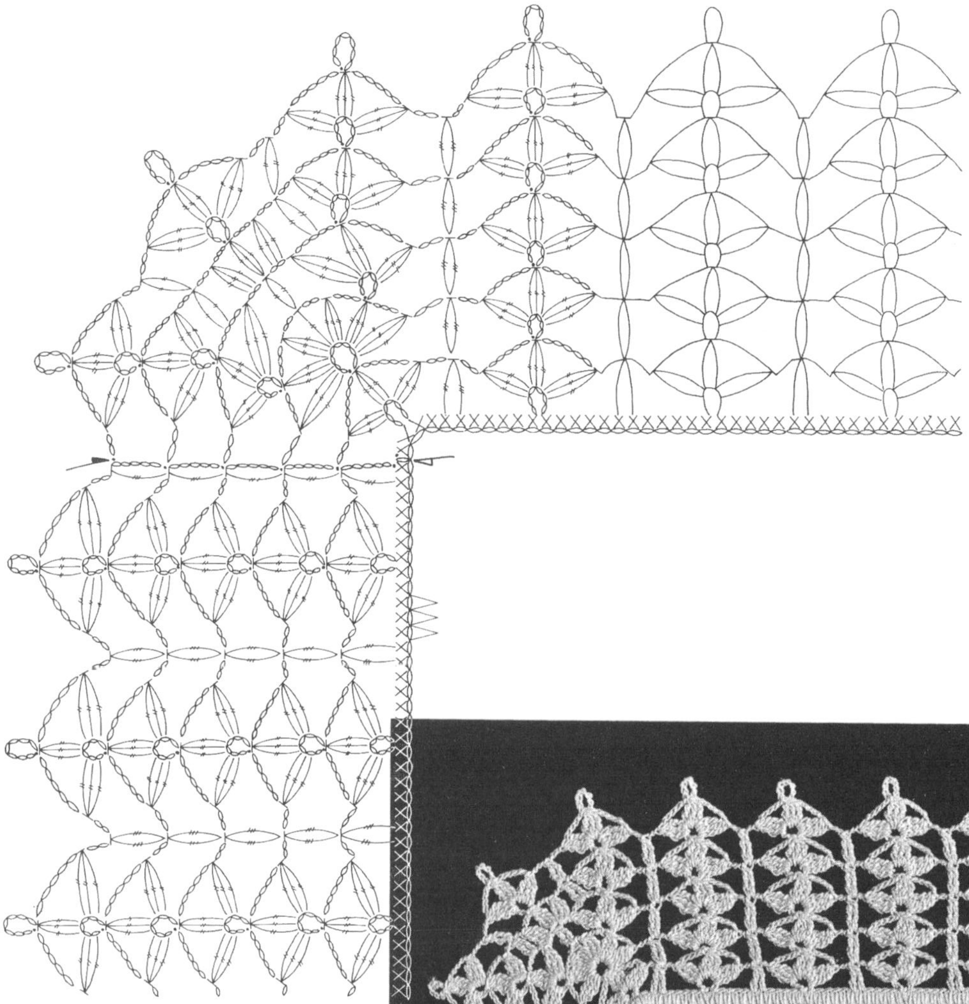

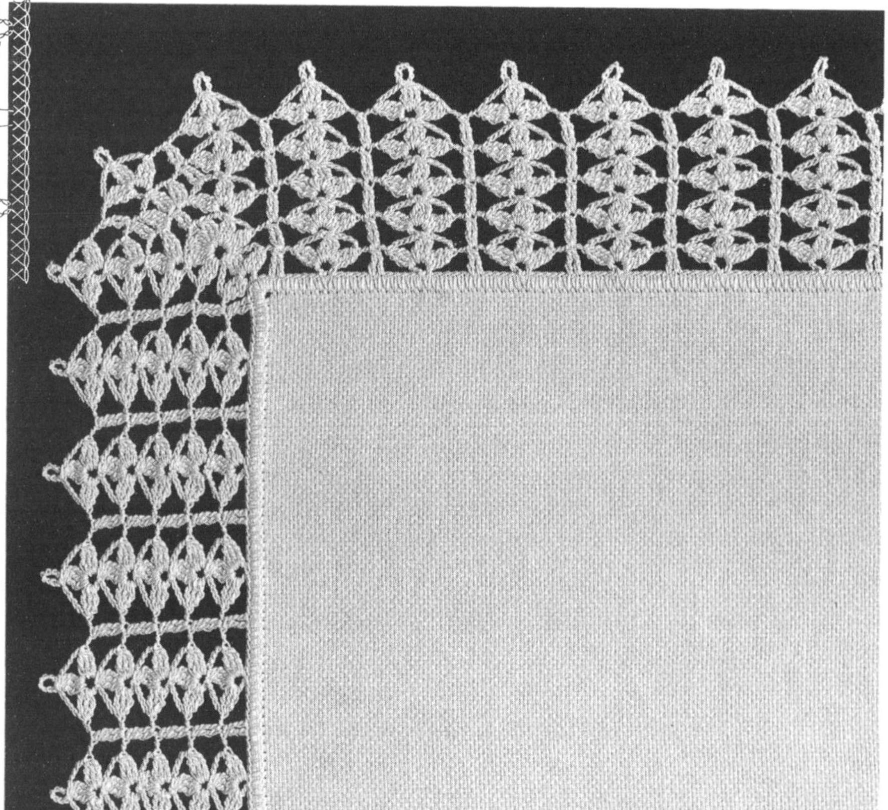

no.70

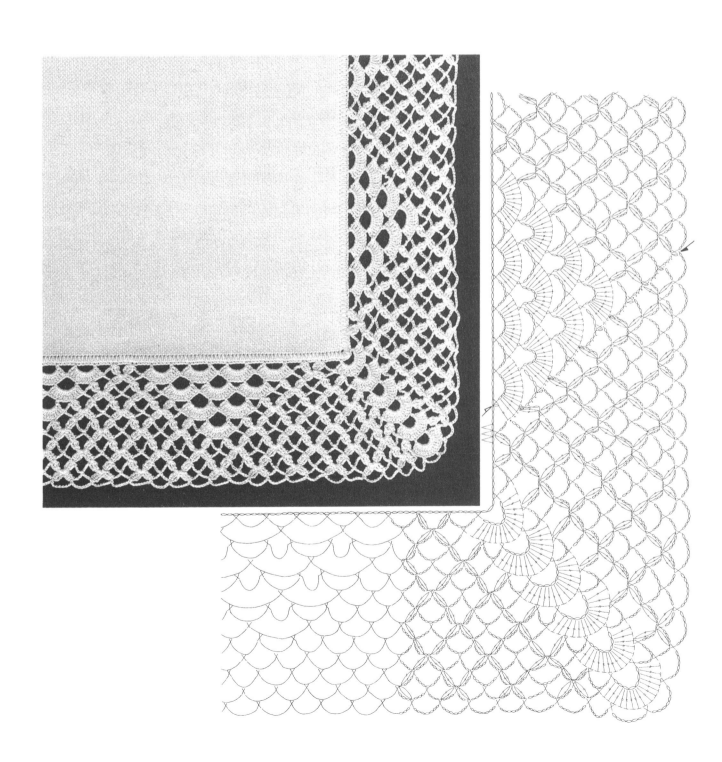

no.71

no.72

no.73

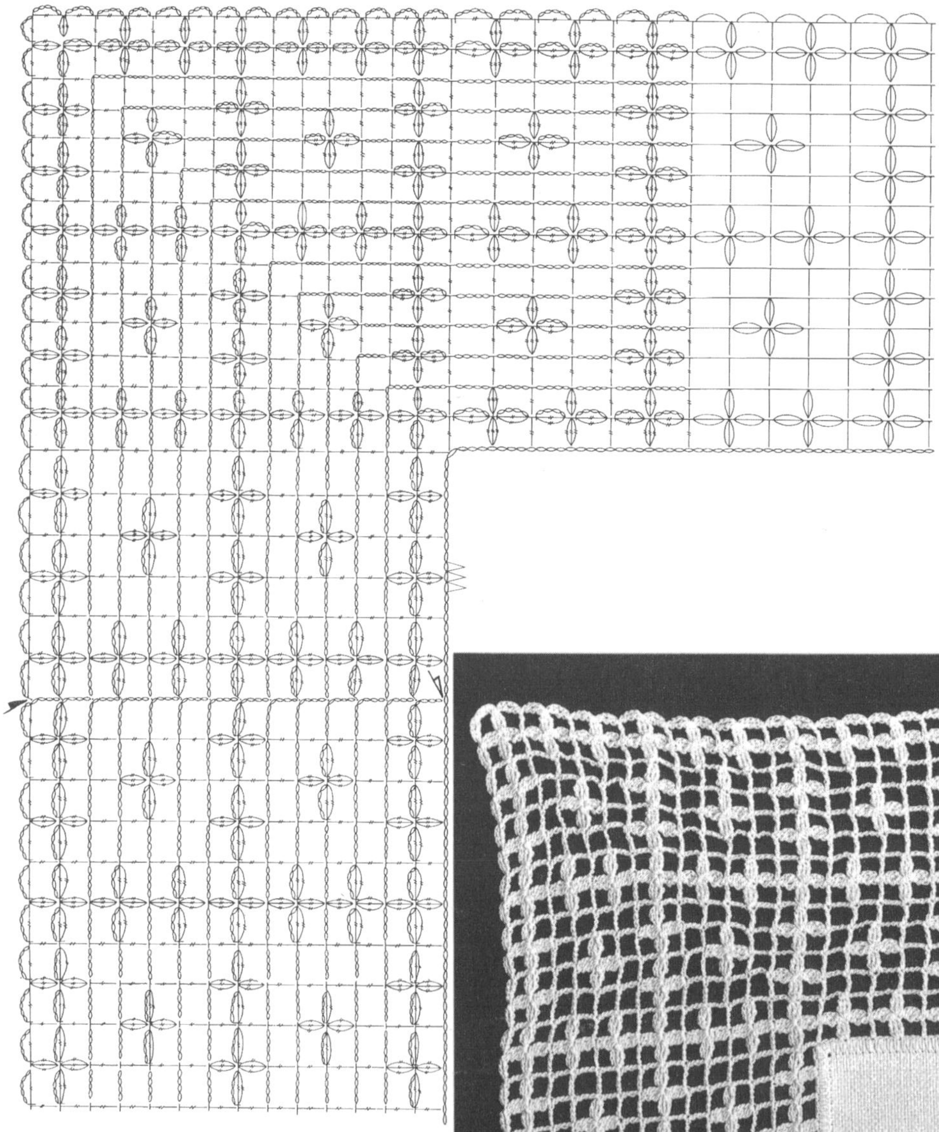

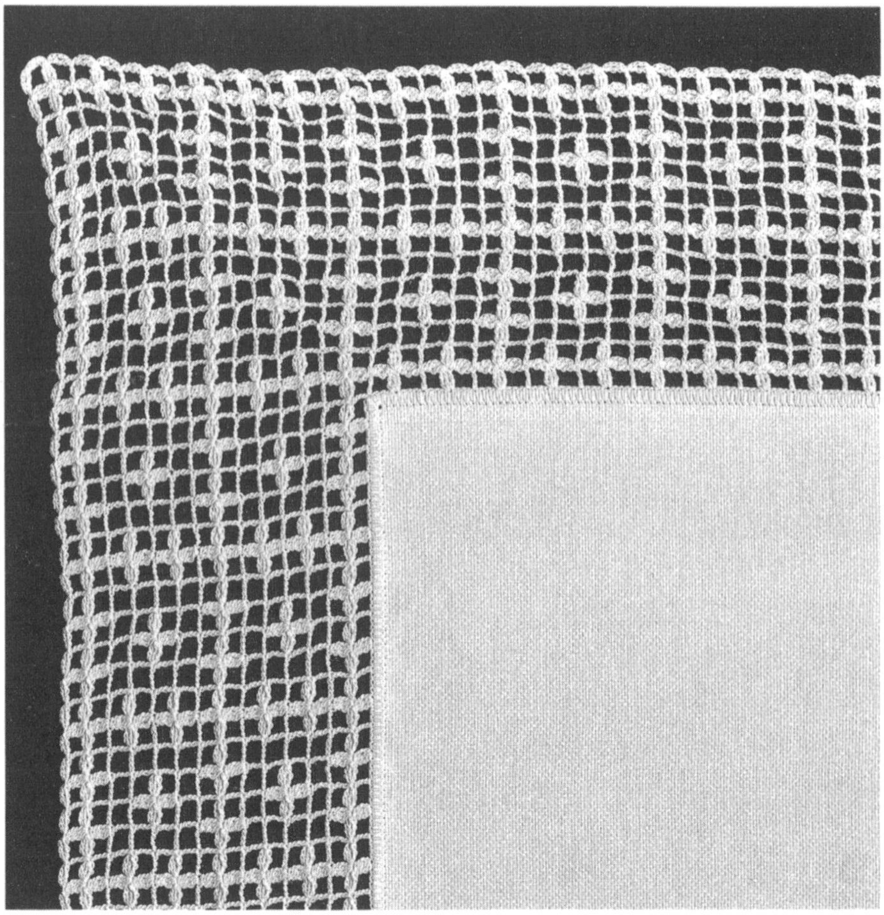

no.74

no.75

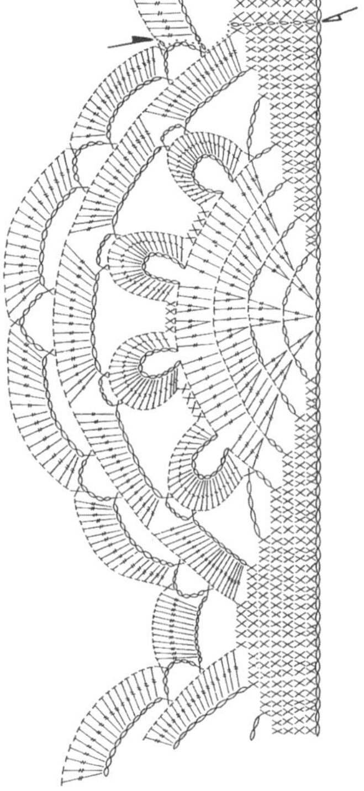

no.76

no.77

no.78

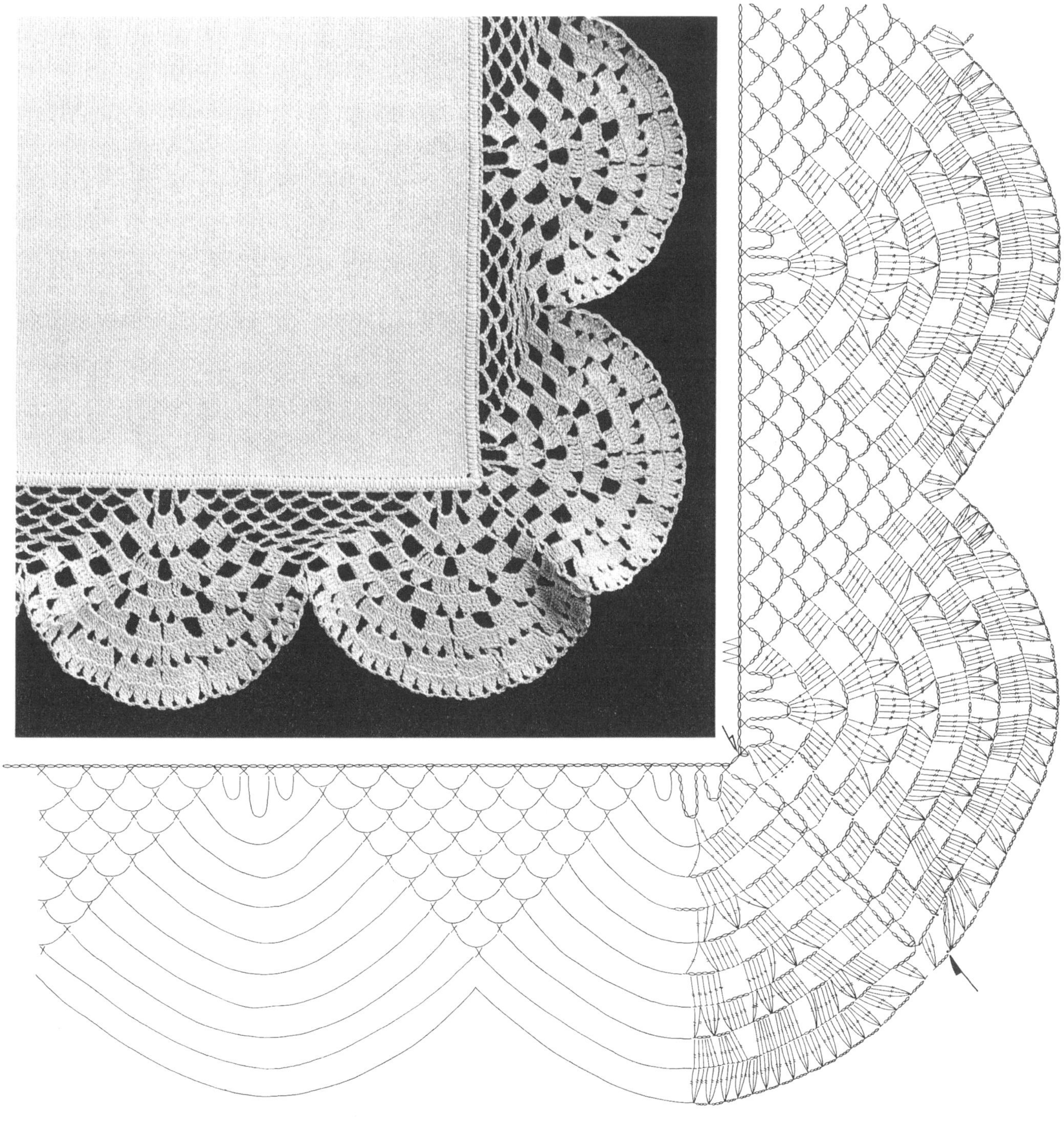

no.79

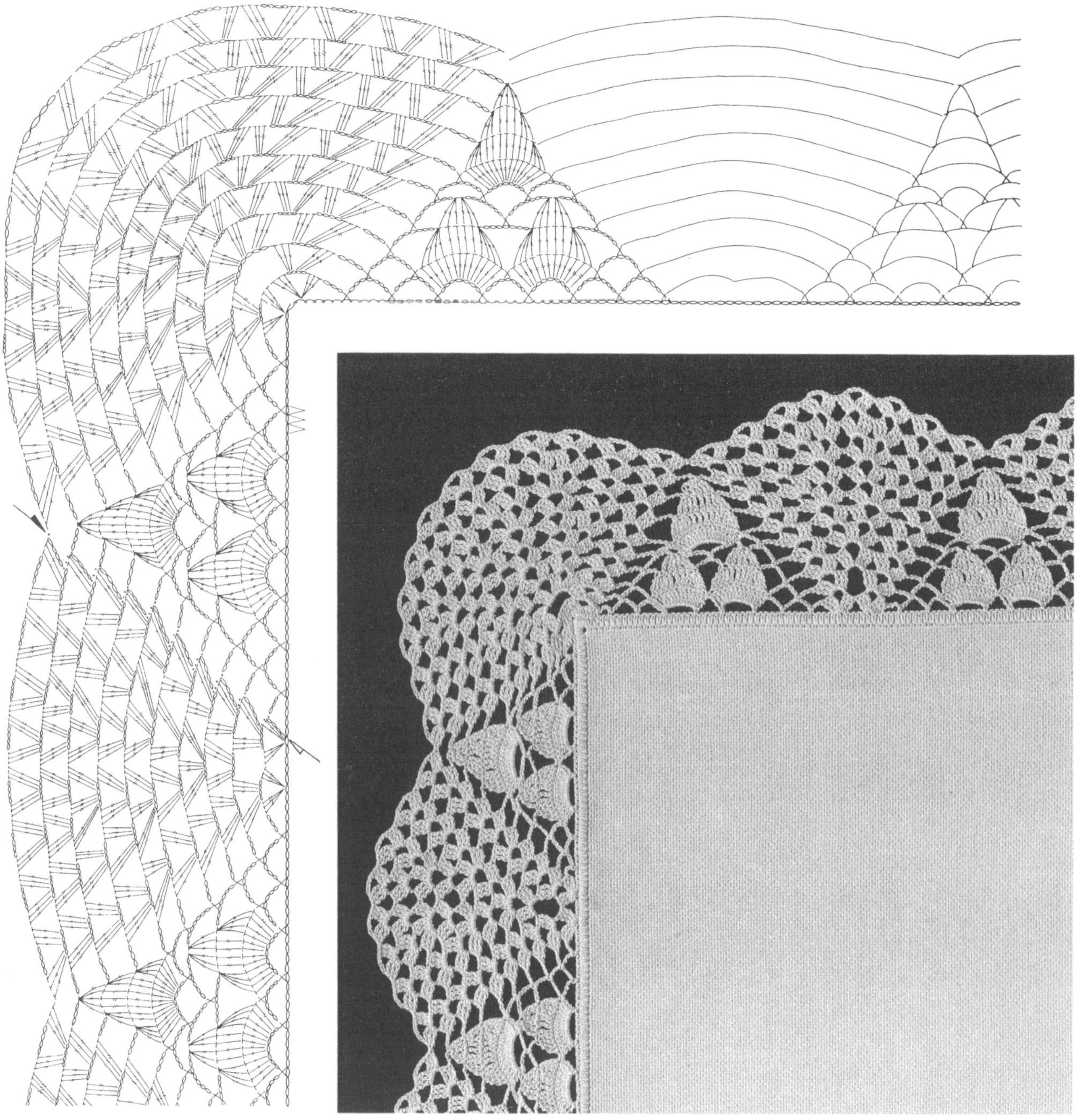

no.80

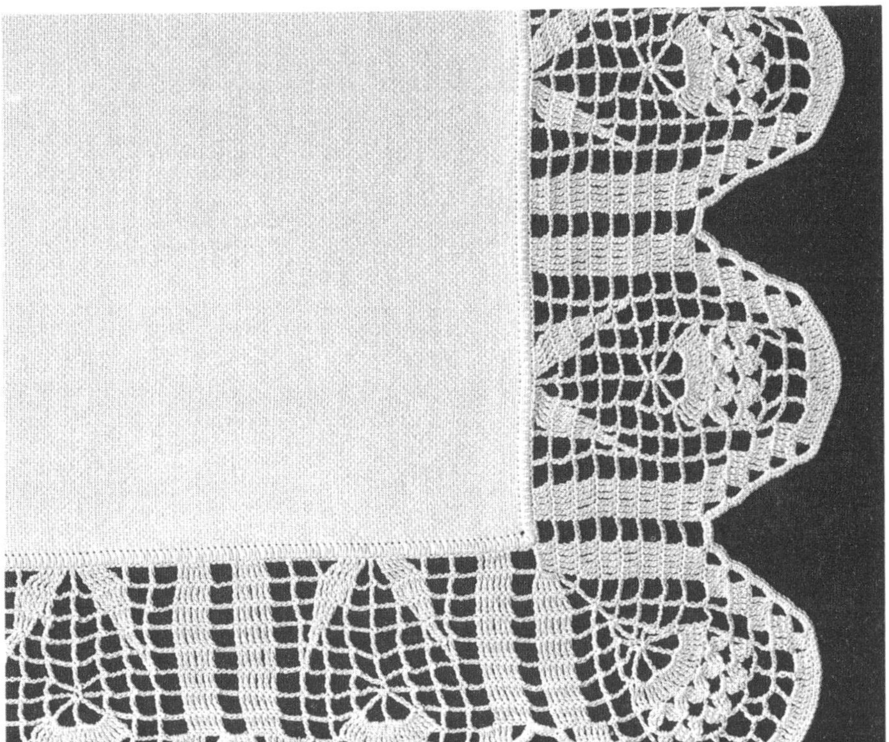

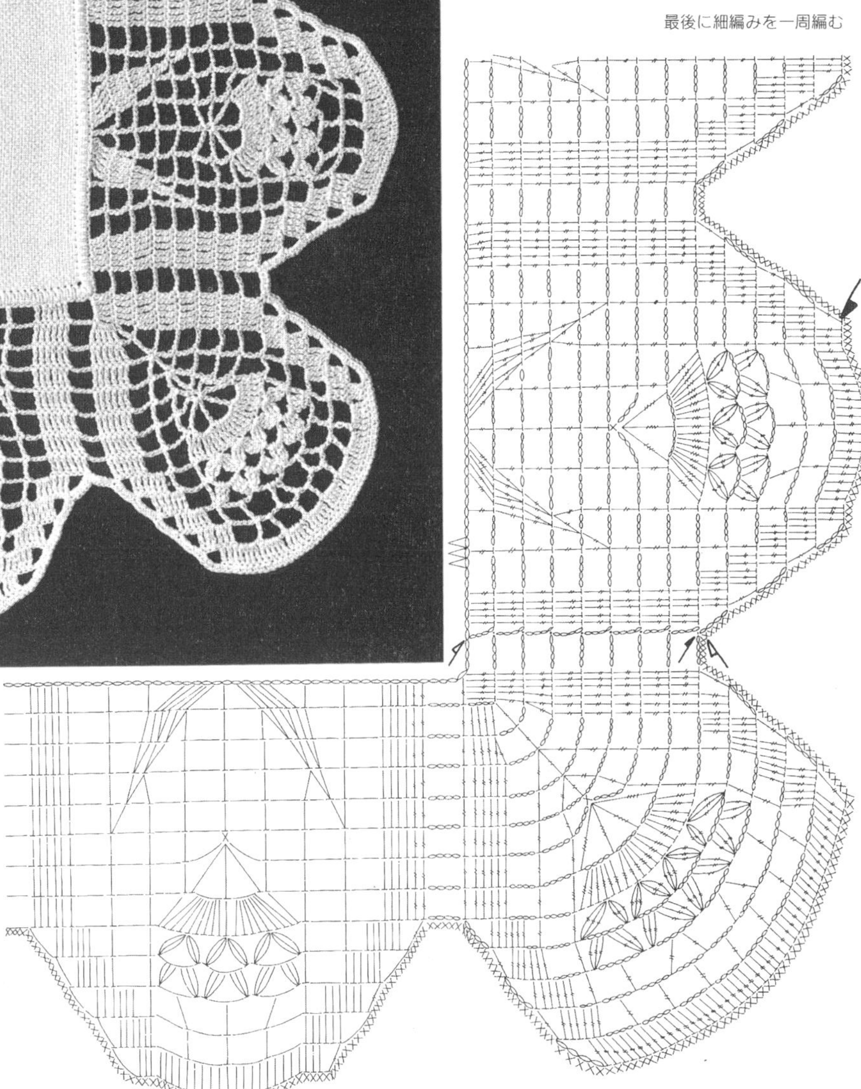

no.81

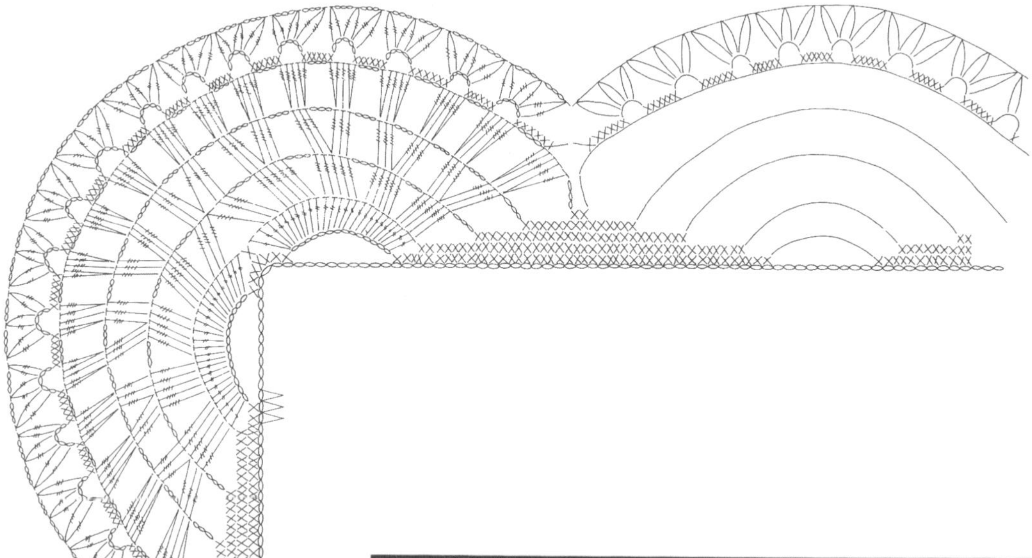

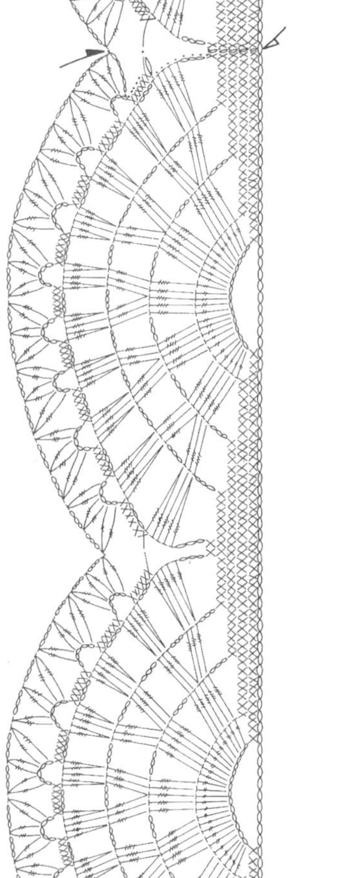

no.82

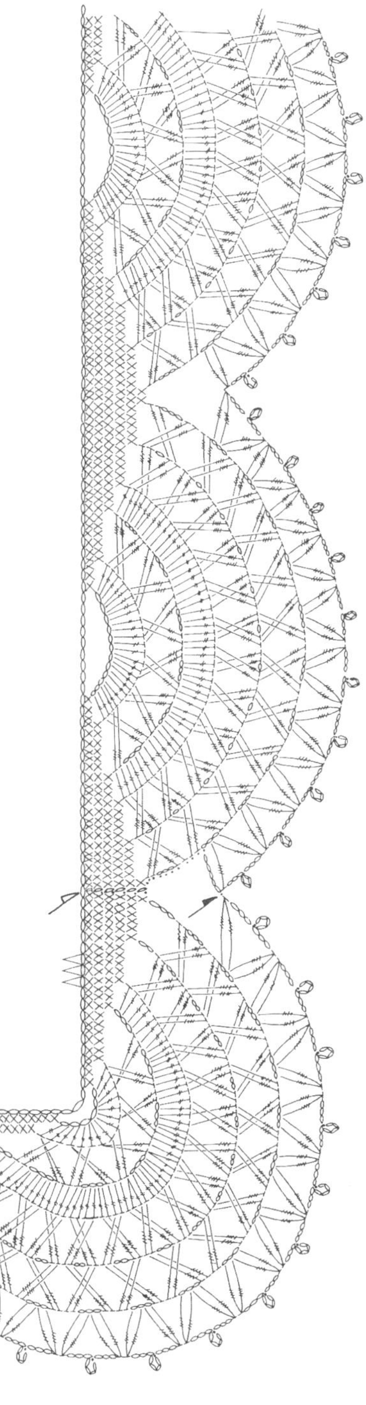

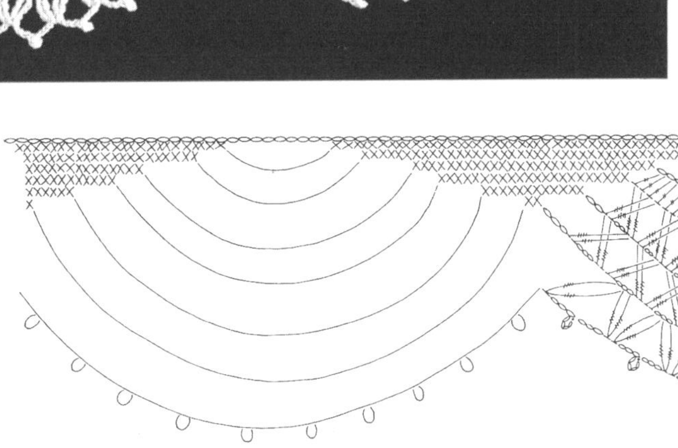

no.83

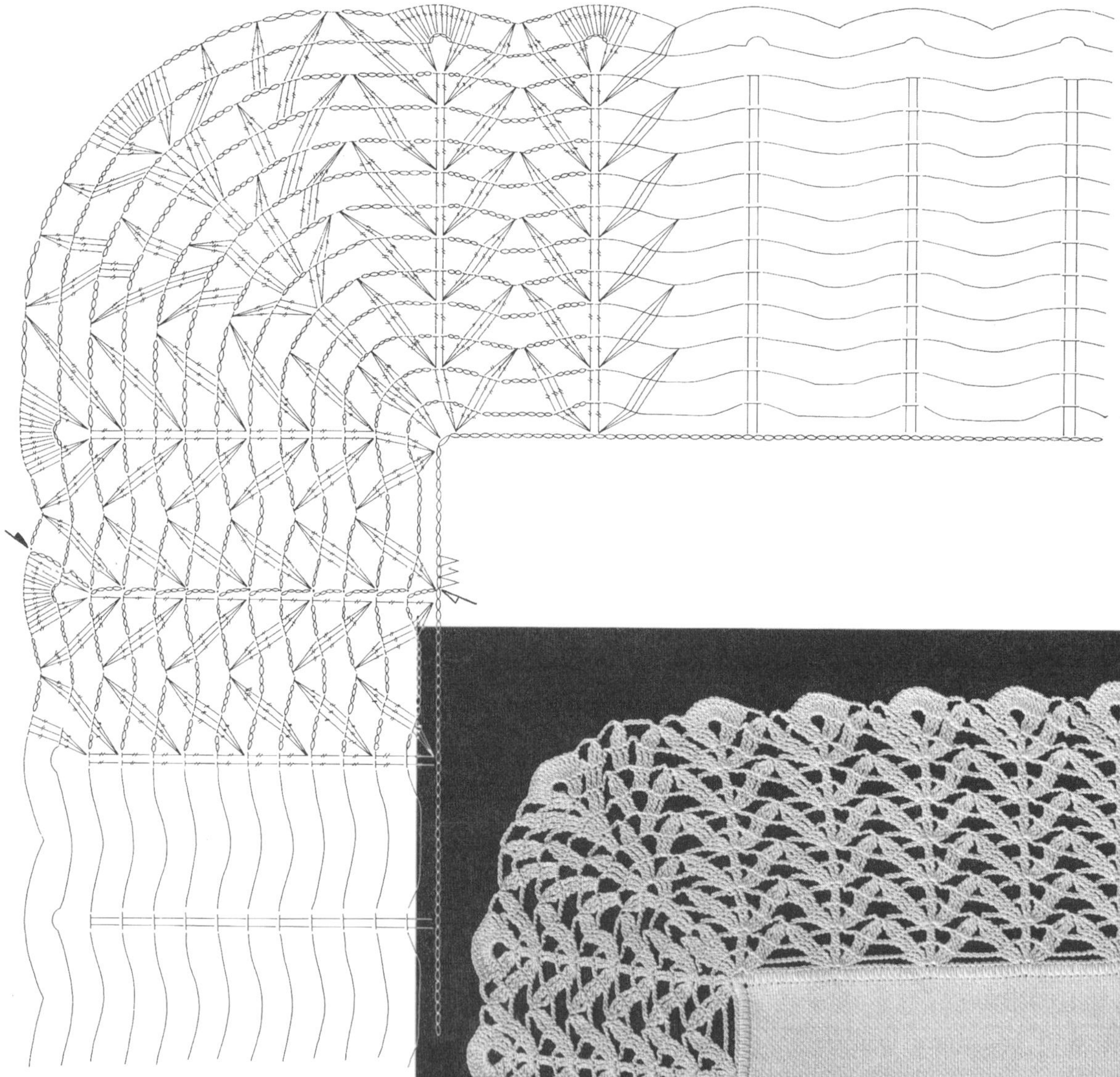

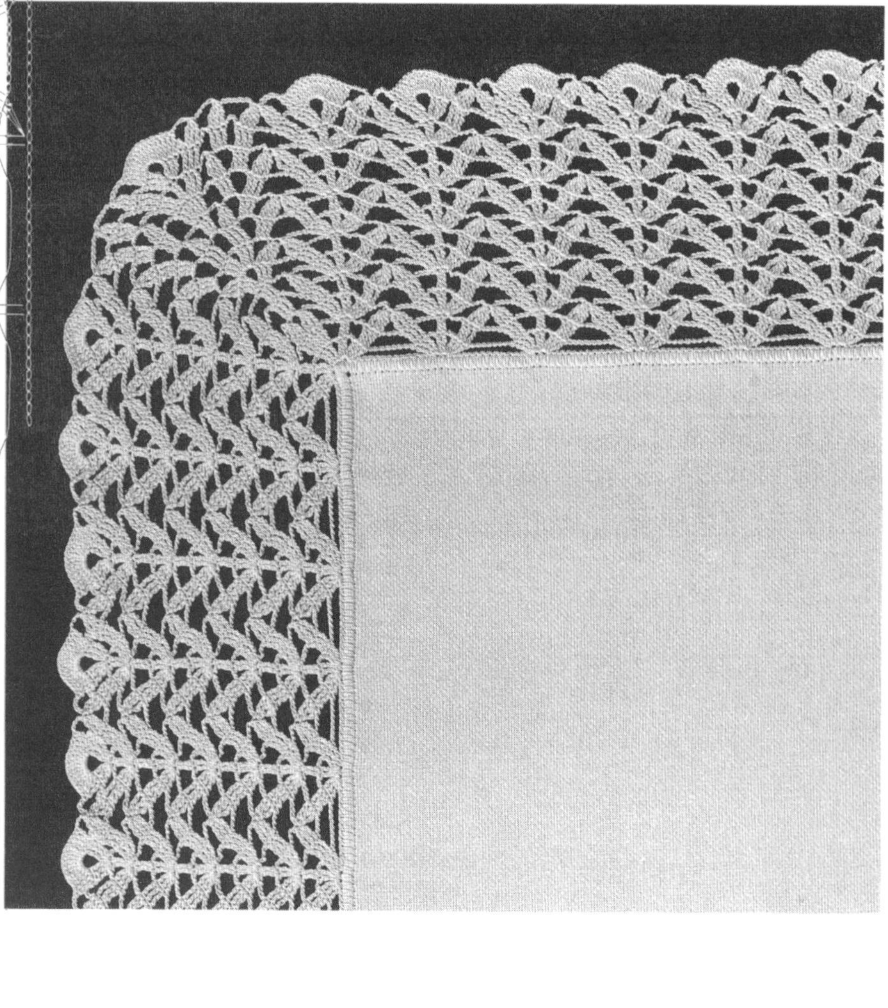

no.84

no.85

鎖の輪の中に引き抜く

1

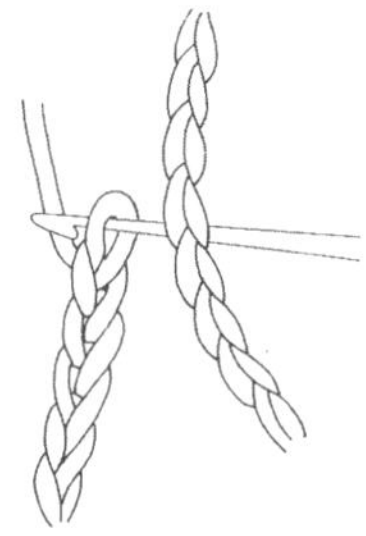

一度、針を糸からはずし、先に編んでおいた
鎖ごしに元の糸に針をとおす。

2

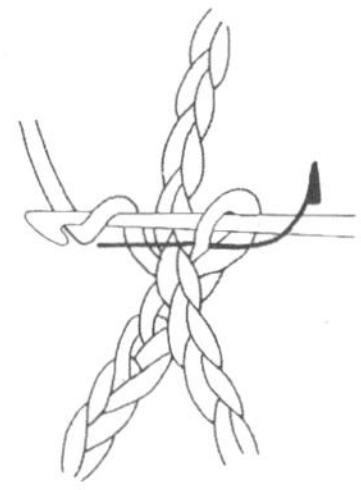

鎖の輪の中に引き抜く

no.86

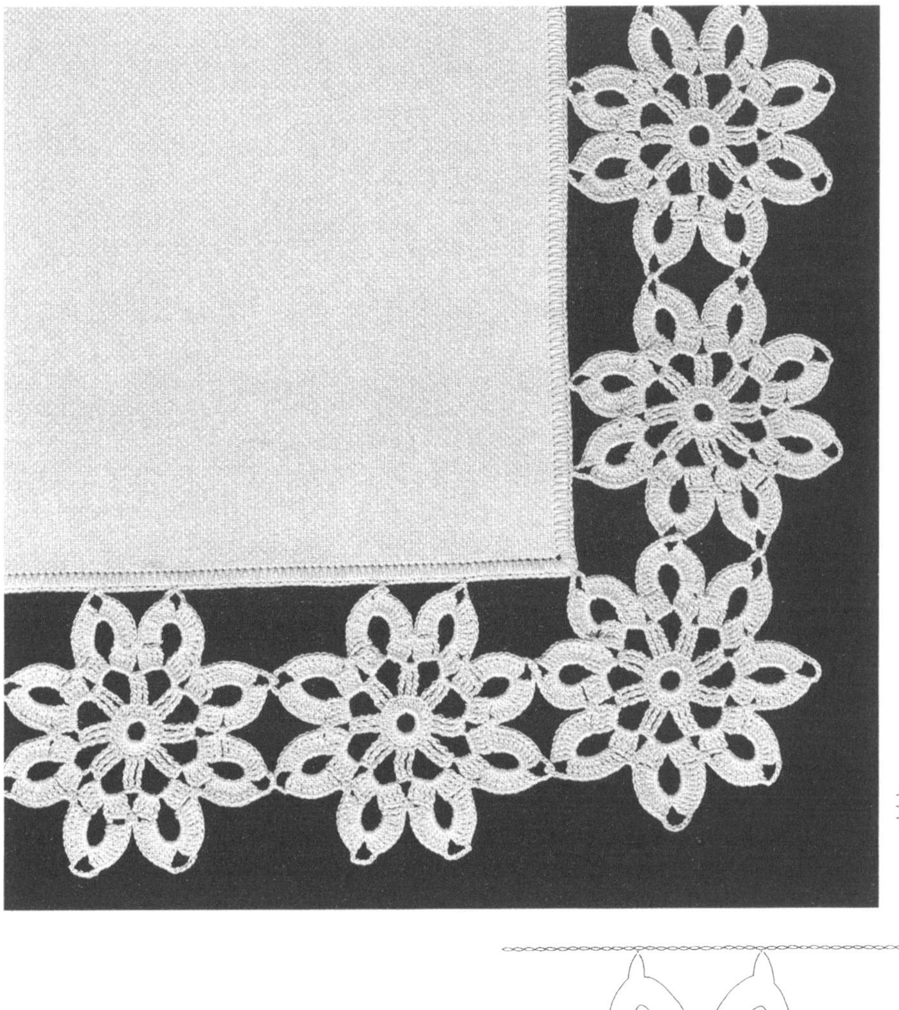

no.87

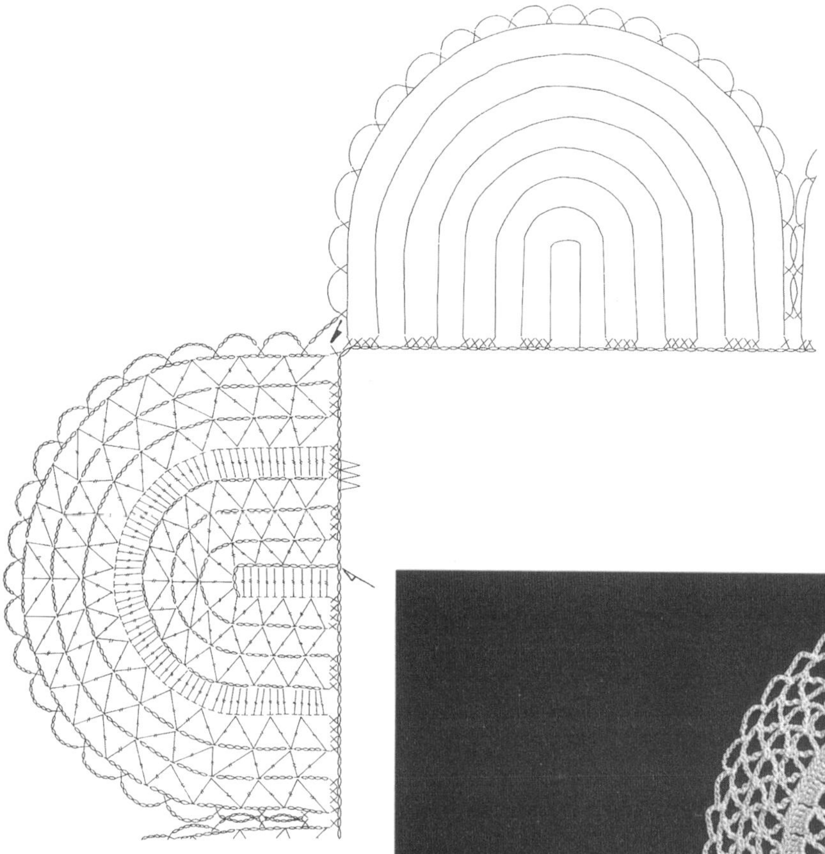

最後に外周りを一周編む

no.88

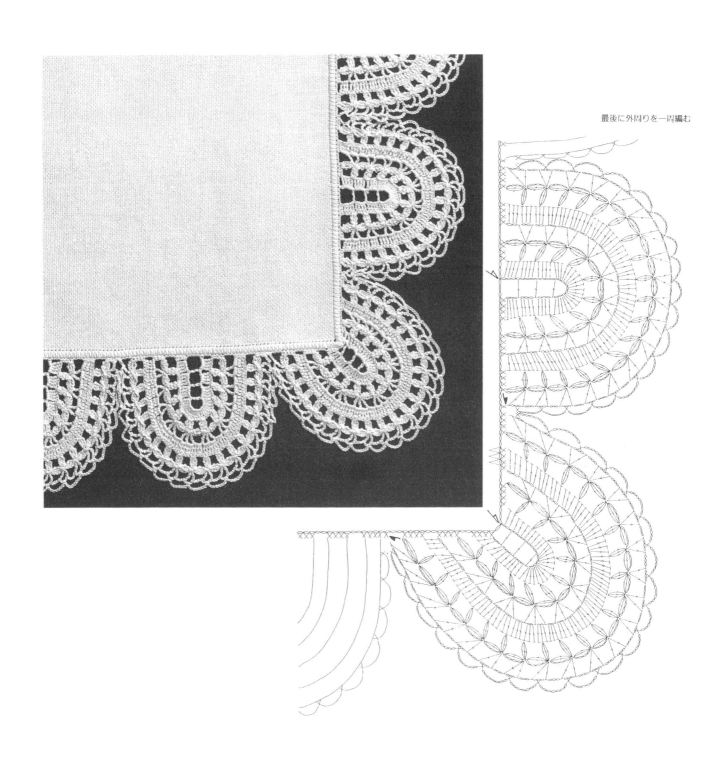

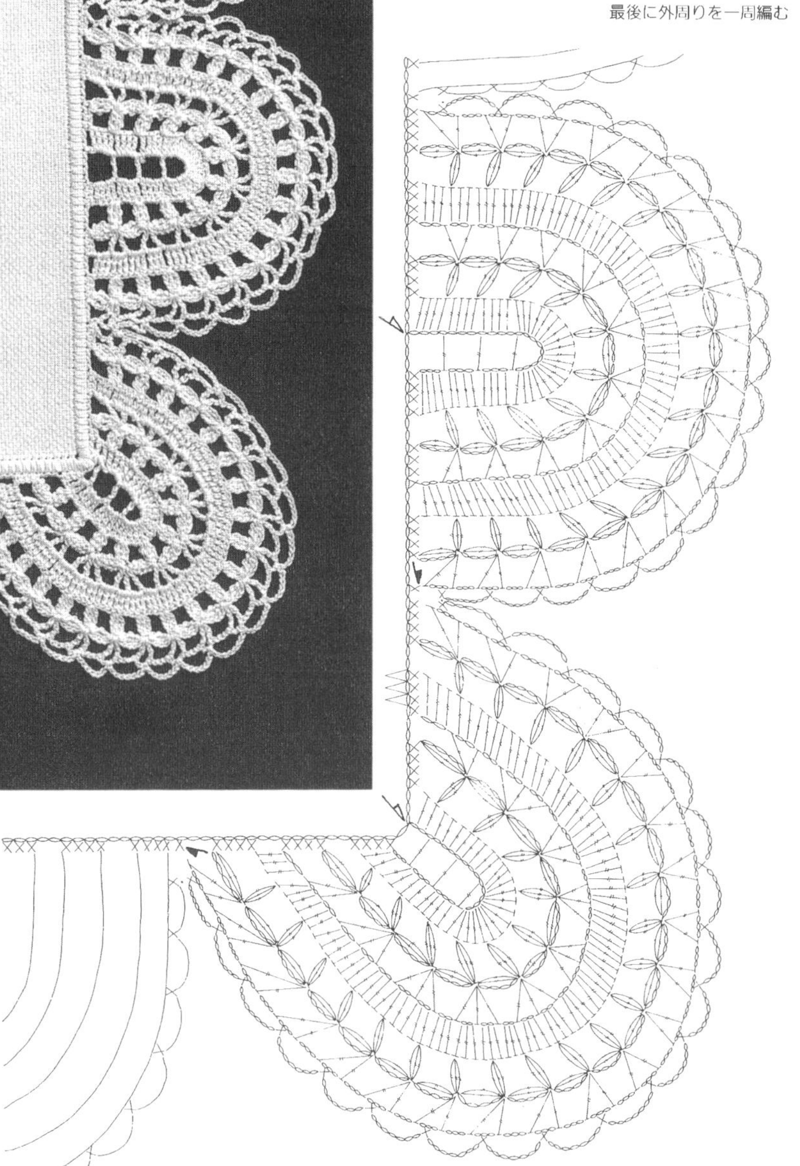

美しく編み上げるためのアドバイス

作品を制作する上で、作品の中で何が主役になっているかをまず考えてみましょう。

刺しゅう作品の布の周りに用いる場合、布地の中の模様とかけはなれた編み目模様は作品全体が不安定となり、かえって逆効果になります。また、布地の大きさ、布の種類、用途によって、編みつけ量も変わってきます。

あまり解説図だけに頼りすぎずに、アレンジをしながら、作品の持ち味を生かすようにしましょう。

布に編みつける場合、一番問題となるのが模様の合わせ方です。解説図どおりに編んでいきますと、作品によって布地の大小や織目の差がありますので狂いが生じてきます。(布はタテとヨコの寸法が同じでも目数が違いますので注意して下さい)

一段日は布に細編みを一周する場合がほとんどですので、一段目の細編みを編む時に、一辺の目数をかぞえ、選んだ模様の解説図の目数とあわせながら、つりあうように配分して下さい。

目数に差がある場合は、全体の模様の一部を変えて目数を増減したり、角の模様を変える等、一番編みやすい方法をとります。

初心者の場合は、小さい模様の繰り返しが無難でしょう。

目数の合わせ方

右図をもとに解説します。

◆右図の基本パターンは1模様=44目ですので、一辺の目数は44の倍数+(5)となります。※(5)は作品により、変わります。

◆一辺の目数が44の倍数+(5)で納まる場合は、基本パターン通りに編みます。

◆納まらない場合は、図Ⅱ、Ⅲ、Ⅳ、Ⅴを参考に、1模様の目数を変えて割りきれる数にして下さい。

図Ⅰ. 基本パターン

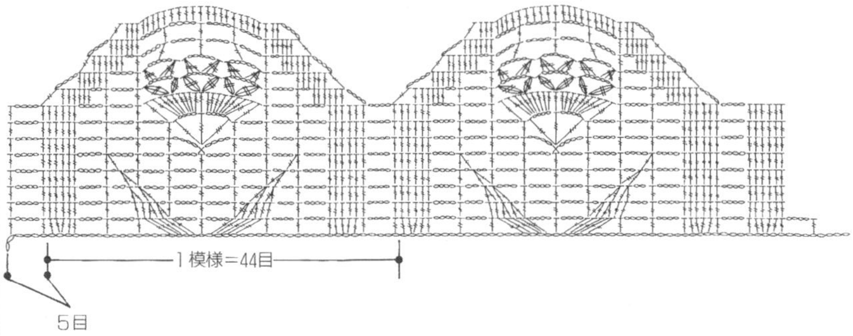

図Ⅱ. 中央に1目増やした場合

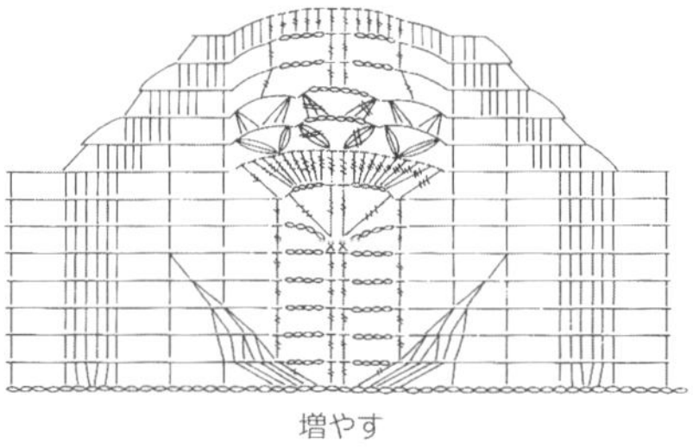

図Ⅲ. 中央に2目増やした場合

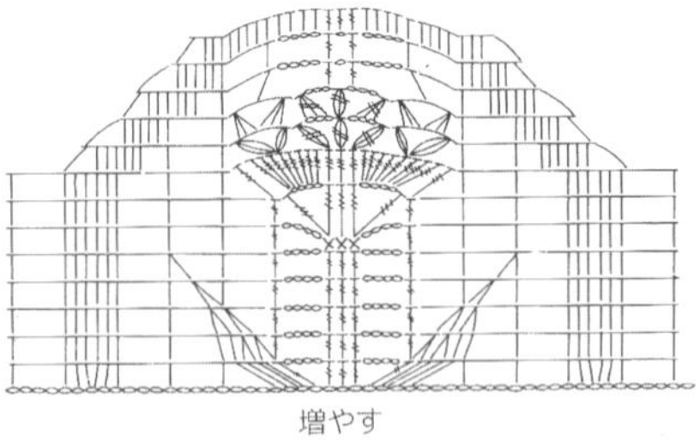

図Ⅳ. 左端で1目減らした場合

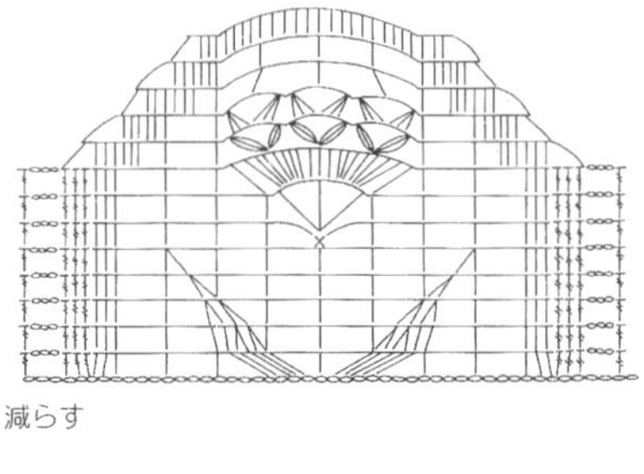

図Ⅴ. 左端で2目減らした場合

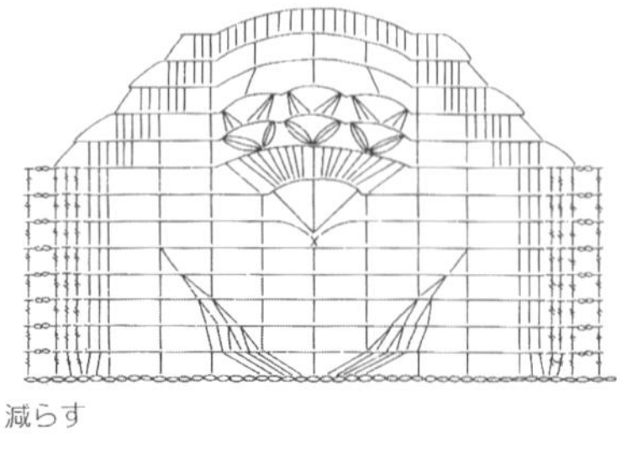

No.80より

㊟外周りの細編みは省略。

糸の持ち方

左手の甲側から小指と薬指の間を通し、そのまま手のひら側を通り、中指と人差し指の間から甲側に出して、人差し指に上から糸をかけます(図Ⅰ)。(糸が抜けないよう、小指に一度からませる方法もあります。) 糸端を左手の中指と親指で持ち、人差し指にかけた糸は指を動かし、編む時に針で糸がスムーズに引き出せるようにします(図Ⅱ)。

図Ⅰ

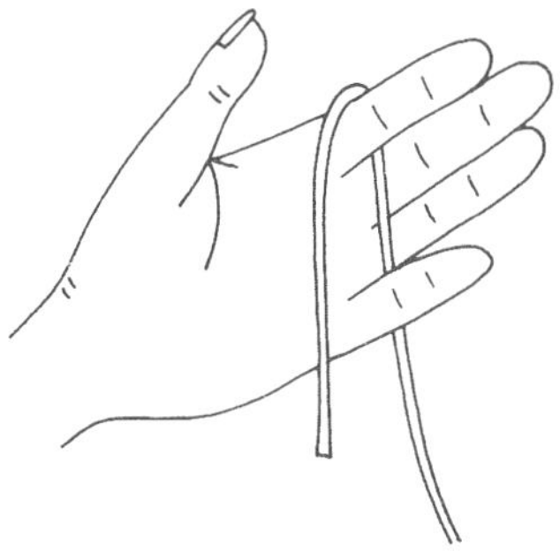

図Ⅱ

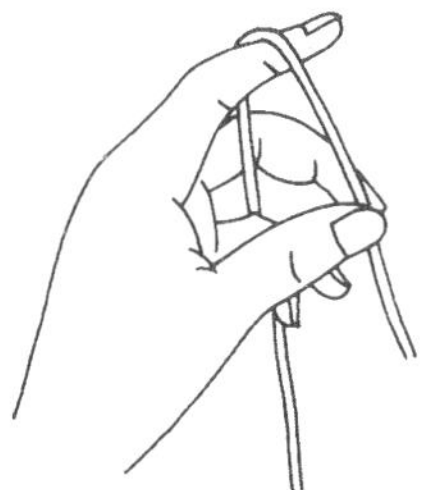

針の持ち方

針先から3~4cm離れたところを、右手の親指と人差し指でレース針を持ち、中指を軽くそえます。

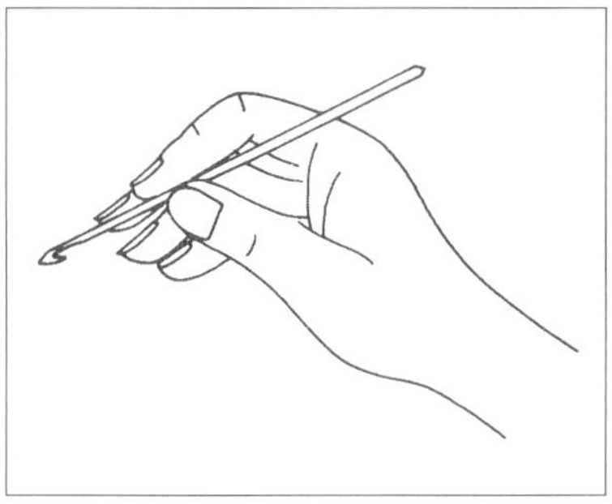

針について

レース針は先端がかぎ状に曲がったもので、かぎ針と呼ばれている針と同じ形ですが、太さはかぎ針よりずっと細く、0号から12号まであります。かぎ針を選ぶ時はなめらかな針先のものが良いでしょう。

糸について

レース糸は一般的には18~80番までがあり、数字が大きくなるほど糸が細くなります。
縁編みには、色数も多く編みやすいので40番のレース糸が一般に多く利用されます。
また、コスモhidamari刺し子糸を使用すると、ソフトな仕上がりになります。

糸と針の関係

編みやすく、美しく仕上げるために、針と糸のつりあいは大事なことです。

レース針号数	0	1	2	3	4	5	6	7	8	9	10	11	12
レース糸番	8~18	10~20	18~30	20~30	40~60	50~80	70~80						
25番刺しゅう糸	6本	5本	4本	3本	2本	1本							

コスモhidamari刺し子糸は、6~8号のレース針を使用します。

資料協力　株式会社ルシアン

仕上げ

編み終わったら、編み始め、編み終わりの糸端、途中糸を切ったり、つけたりしたところの糸端をほつれてこないように編み目の中にくぐらせて始末します。洗濯は一度水につけてから中性洗剤を入れ、やさしく押し洗いをし、その後、水で何度もすすぎます。脱水はたたんで軽く脱水機にかけるか、押さえて水気を切り、さらにタオルに挟んで水分を取り糊づけ(緑編糸の時はやや固め)します。(最後のアイロン仕上げの時スプレー式の糊を使用しても良い）乾燥は風通しの良い所で日陰干しをし、生乾きになったら、手でよく引っぱったり、たたいて編み目を落ちつかせます。アイロンは毛布などの柔らかい物を台にして、裏から霧を吹き、当て布を置いて手で形を整え、編み目を落ち着かせながらかけます。クリーニング専門店に出す時は、必ずお店の方とよく相談して下さい。

編目記号

編目記号は編目の状態を表わす編み方記号として、日本工業規格(ＪＩＳ)により定められたものです。
この記号は、編地の表側から見た組織図ですが、かぎ針編では引き上げ編目(ち、ぎ …等)以外は表目と裏目の区別はありません。(本書では引き上げ編目は使用しておりません)
テーブルクロス等のように常に表を見て、ぐるぐる編みまわる場合と、ピアノかけ等のように持ちかえながら表裏、両面を往復しながら長さを編む方法があります。

立ち上がり

立上がりとは、次段に上がる時にその編み目の高さにあわせて鎖目をつくることをいいます。図はそれぞれの編み目に適した長さの鎖編みの目数です。
普段は立ち上がり目をその段の最初の１目として数えますが、細編みの立ち上がり目だけは、特別なとき以外は１目として数えない方が端が美しく出来ます。

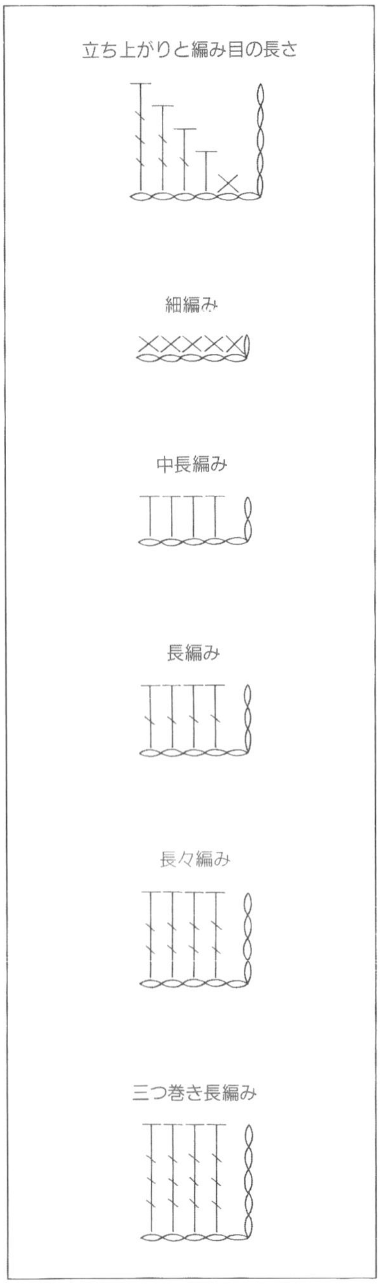

布地への編みつけ方（編みはじめ）

編みつけは、布目に沿って編むと編みやすく、仕上がりがきれいです。ほつれた織布はとり除き、布目をとおしておきます。布の耳は仕上げた時、つれる事がありますので切り取ります。特殊な場合を除き、普通は裏に二つ折りにして、布の折り幅をくるむようにして細編みを編みつけます。(布の厚味に応じて折り返し分は考慮します）角の少し手前にきましたら、両辺を折って角を作ります。その時、糊で軽く糊づけしますと編みやすくなります。

布地への編みつけ方

1

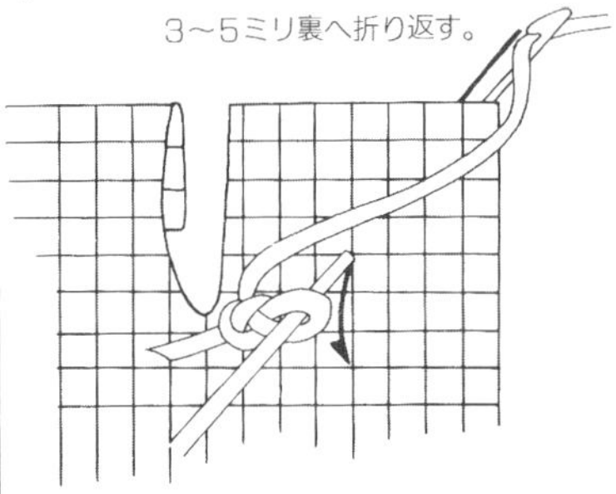

作り目を針にかけたまま、布に針を刺し、糸を引き出す。

2

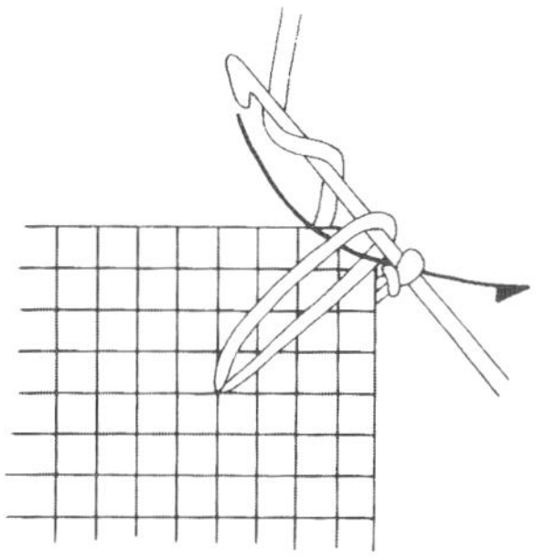

糸をかけ、一度に引き抜く。

3

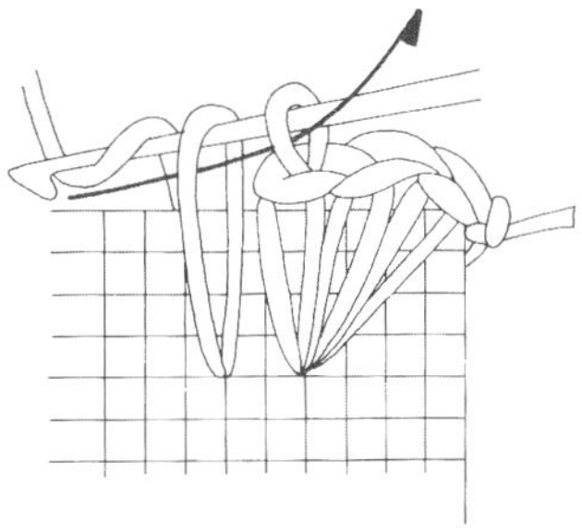

4

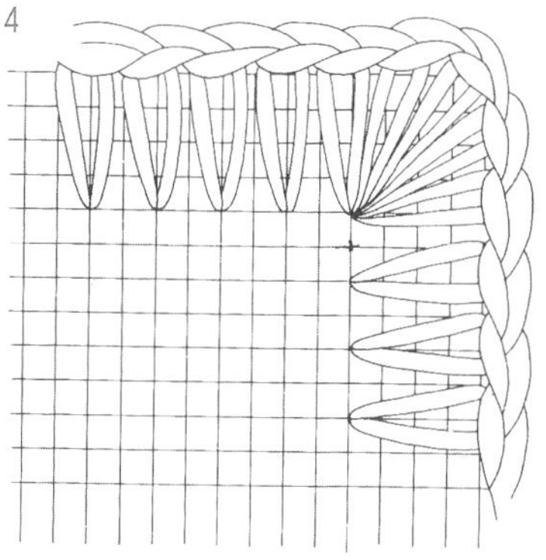

編みつけ方の終り

1

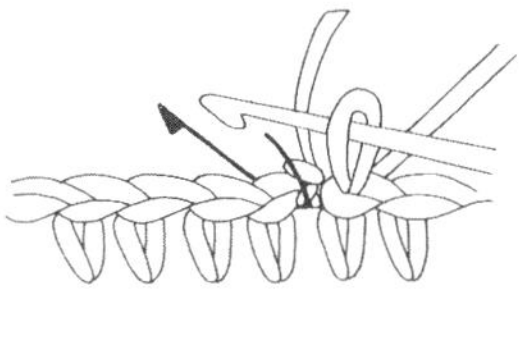

針を最初の作り目の位置に入れる。

2

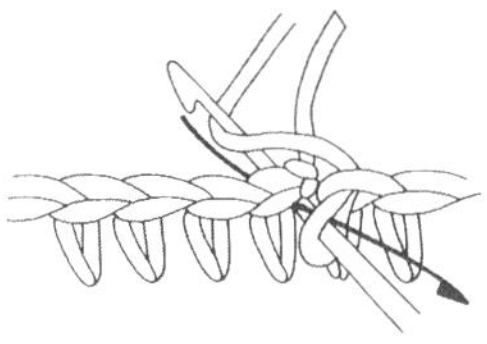

針に糸をかけ、一度に引き抜く。

3

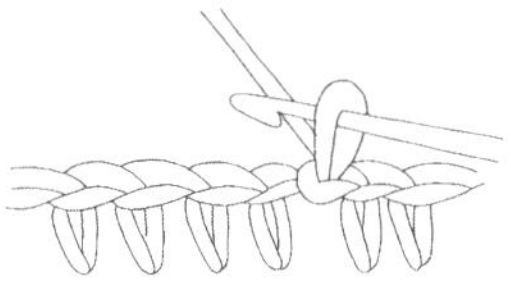

針を入れ、糸をかけて引き出す。

8000番オックスフォード地の場合、目数の高さは4目、編みつける目幅は2目が適当です。角は5目編み入れます。

㊟当社では、布に編みつけてある場合、解説を分かりやすくするため▽の記号を使用しております。

作り目をつくる

1

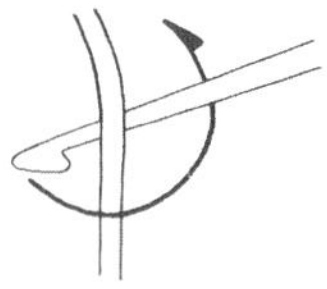

針を1回転させる。

2

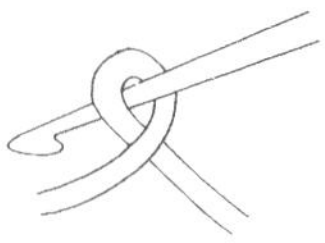

3

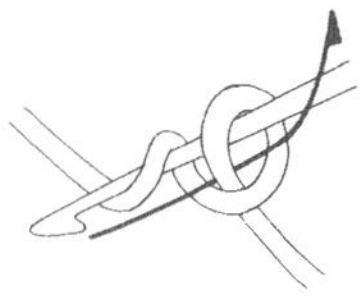

糸を引き出す。

4

糸端を引いて引きしめる。

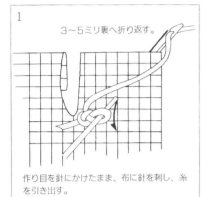

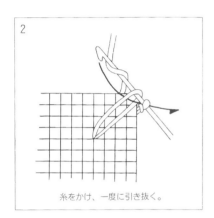

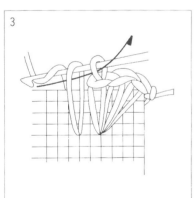

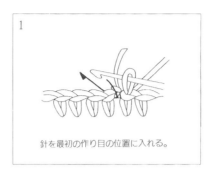

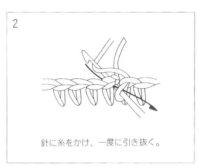

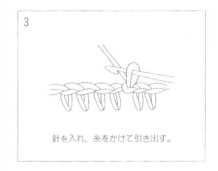

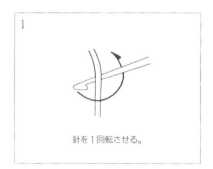

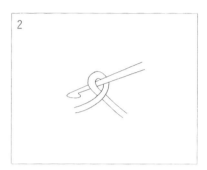

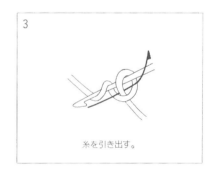

鎖編み目

細編み目

1

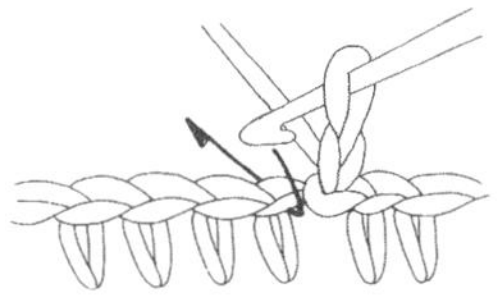

針を入れ、糸をかけて引き出す。

2

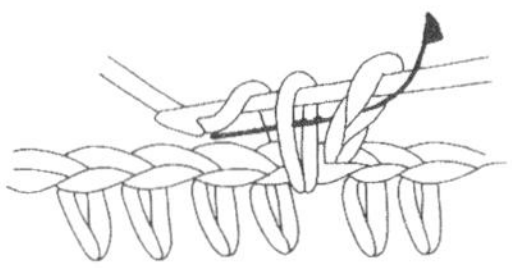

もう一度、針に糸をかけて一度に引き抜く。

3

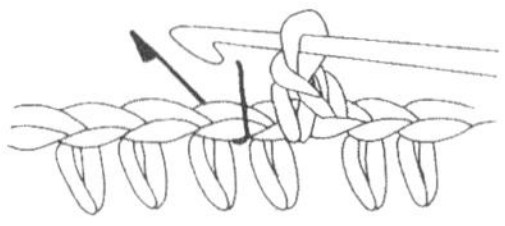

4

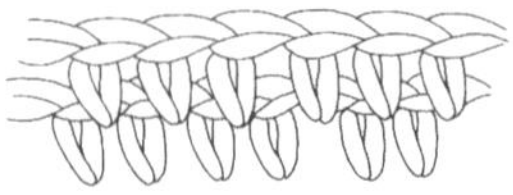

中長編み目

1

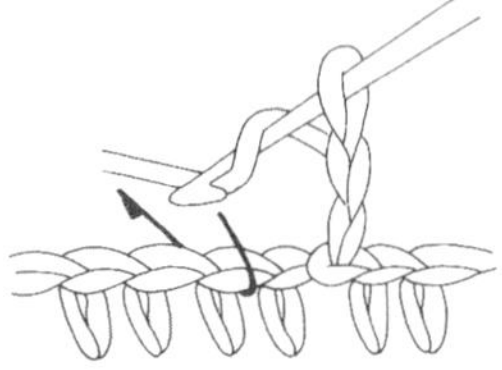

糸をかけ、針を入れて糸を引き出す。

2

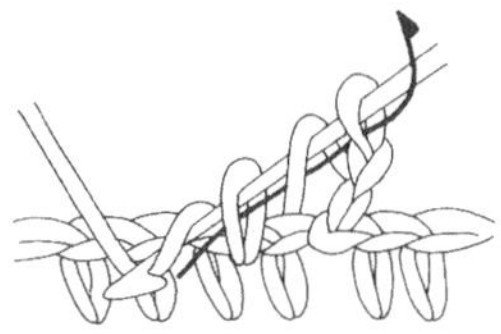

さらに糸をかけ、一度に引き抜く。

3

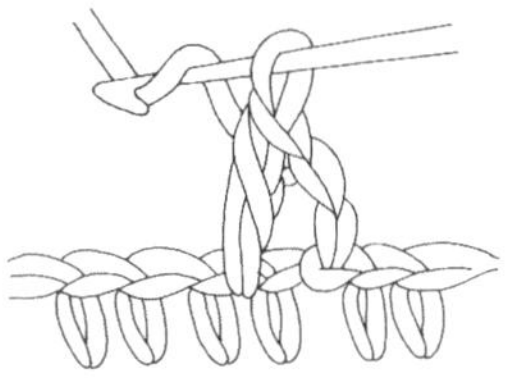

4

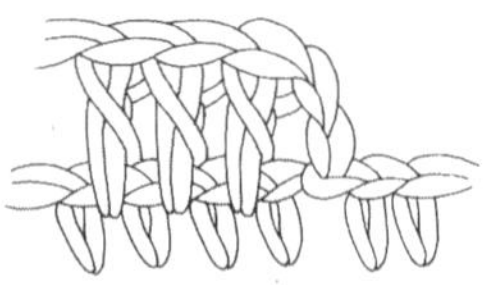

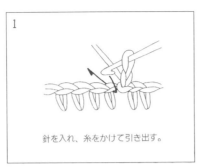

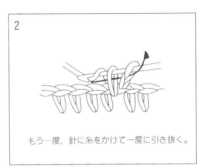

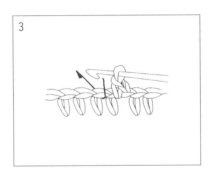

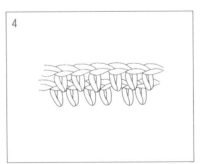

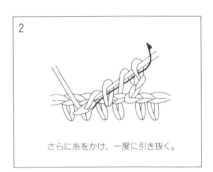

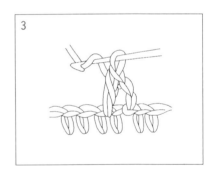

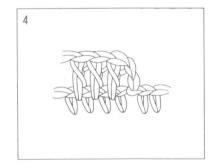

長編み目

1

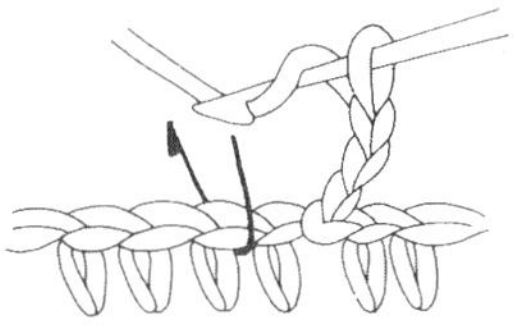

糸をかけ、針を入れて糸を引き出す。

2

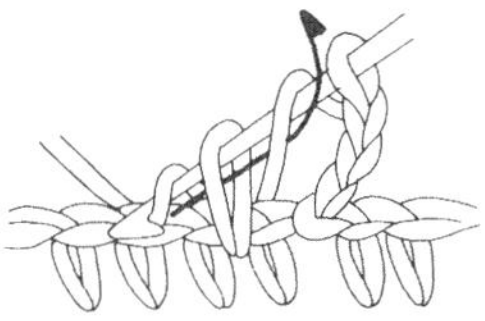

糸をかけ、針先から2つのループのみ引き抜く。

3

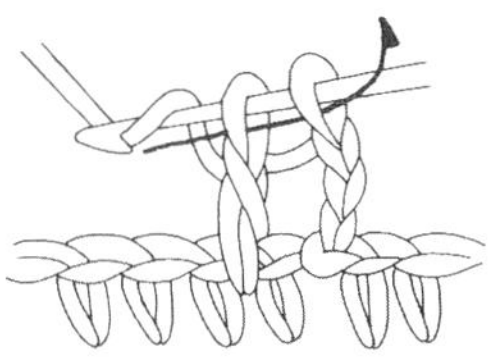

さらに糸をかけ、一度に引き抜く。

4

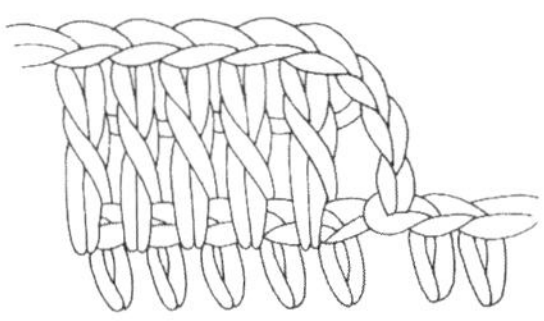

引き抜き編み目

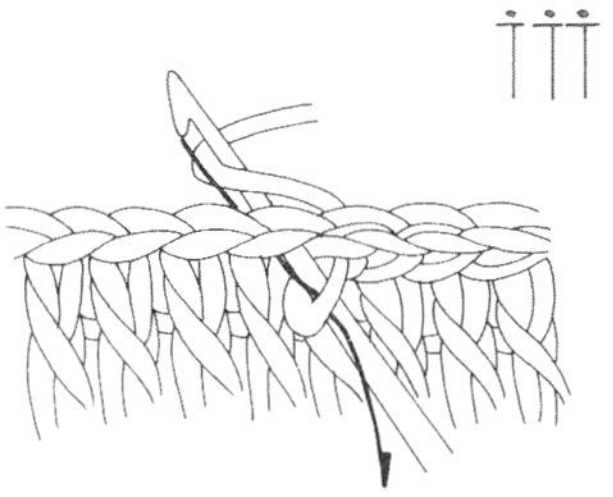

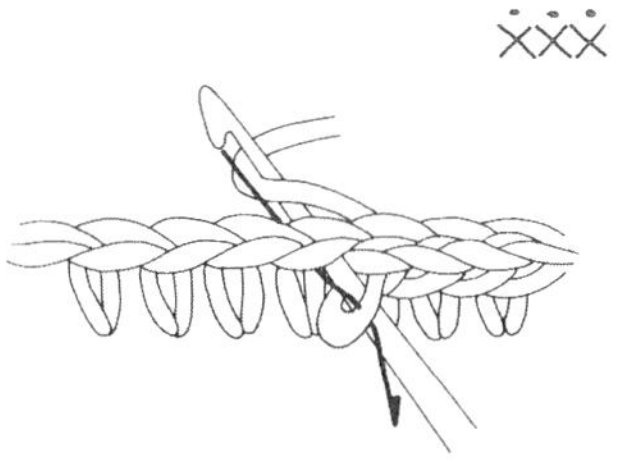

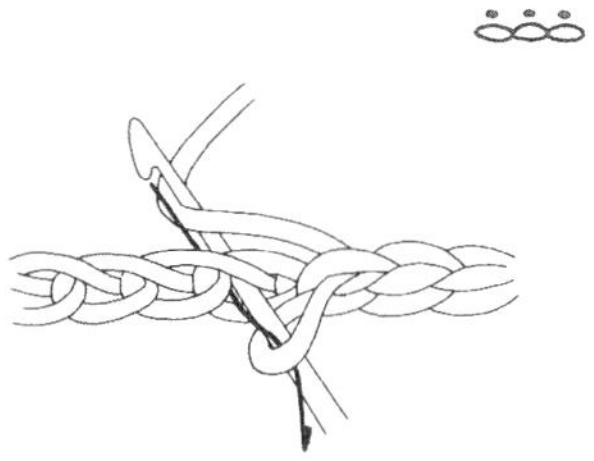

長々編み目

1

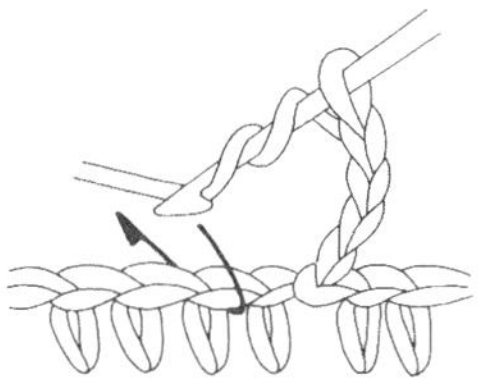

糸を2度かけ、針を入れて糸を引き出す。

2

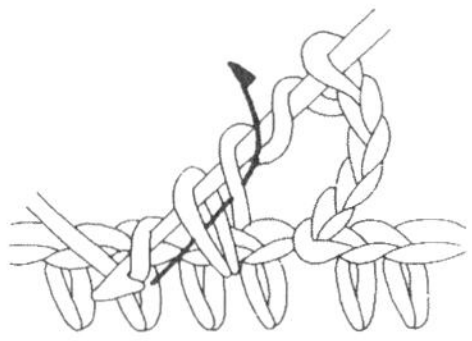

糸をかけ、針先から2つのループのみ引き抜く。

3

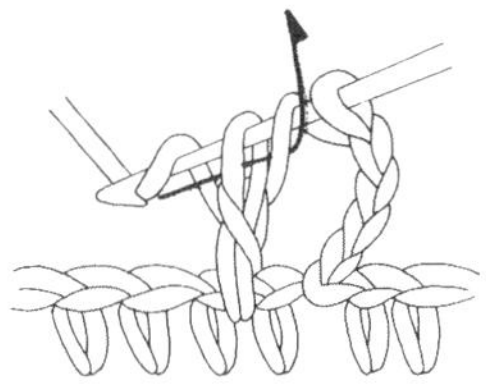

糸をかけ、針先から2つのループのみ引き抜く。

4

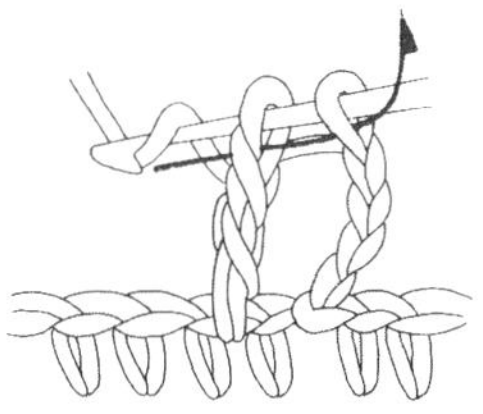

さらに糸をかけ、一度に引き抜く。

5

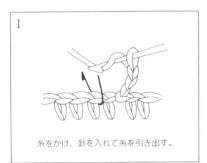

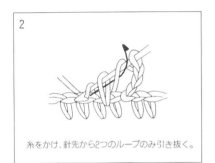

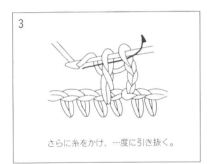

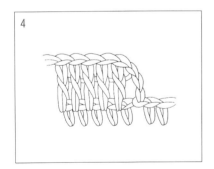

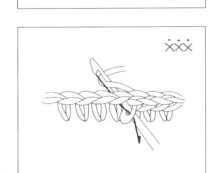

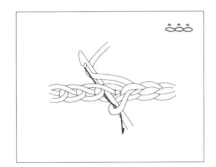

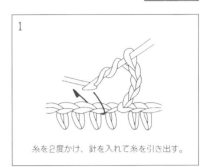

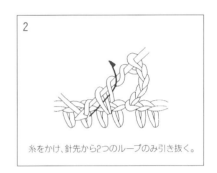

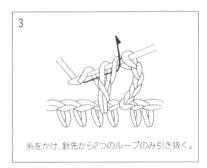

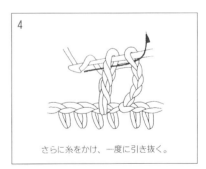

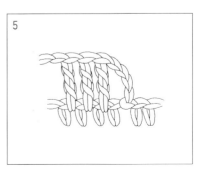

長編み2目一度

1

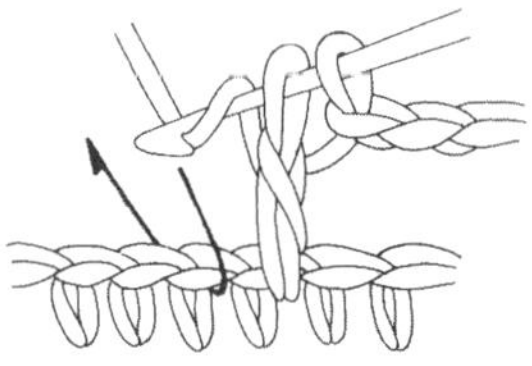

未完成の長編みを編む。

2

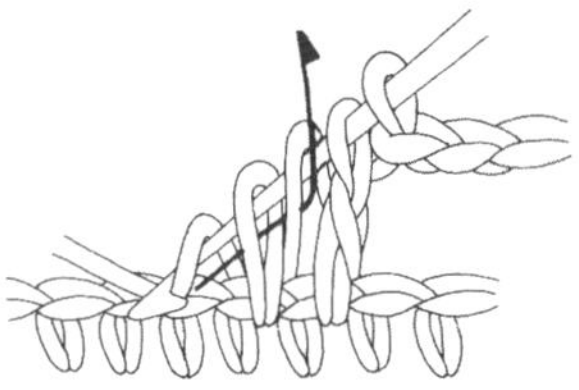

次の目も同様に編む。

3

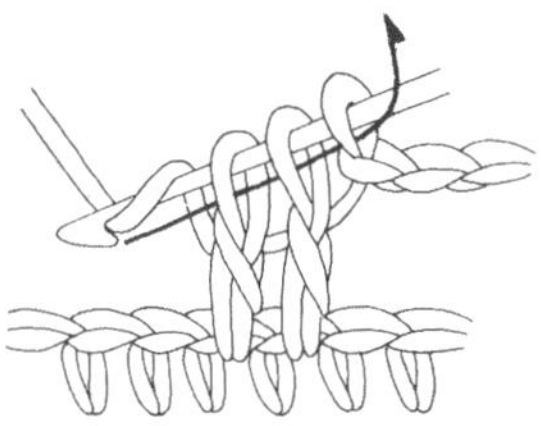

針に糸をかけ、未完成の長編み2つを一度に引き抜く。

4

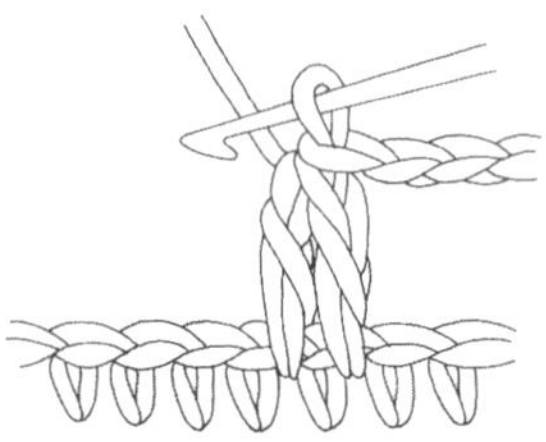

5

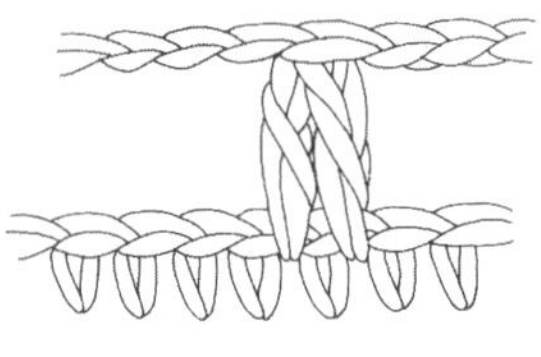

長編み2目編み入れる

1

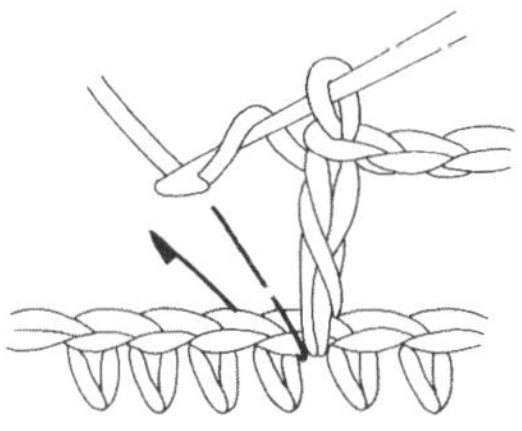

長編みを編む。さらに同じ目に針を入れる。

2

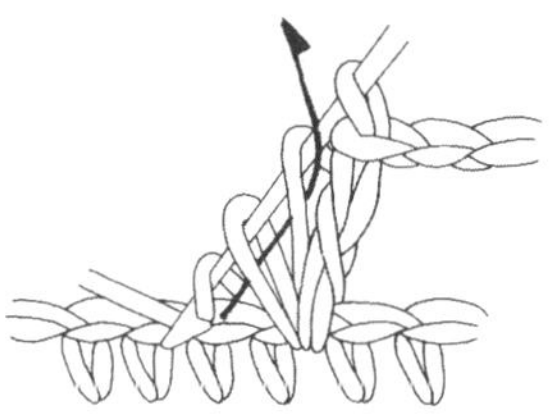

糸をかけ、長編みをもう一度編む。

3

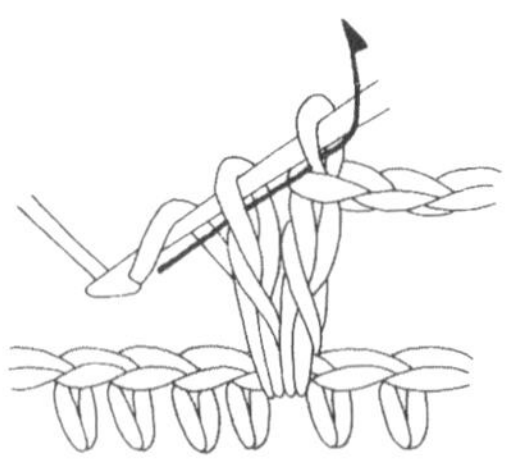

2つの長編みの長さをそろえて引き抜く。

4

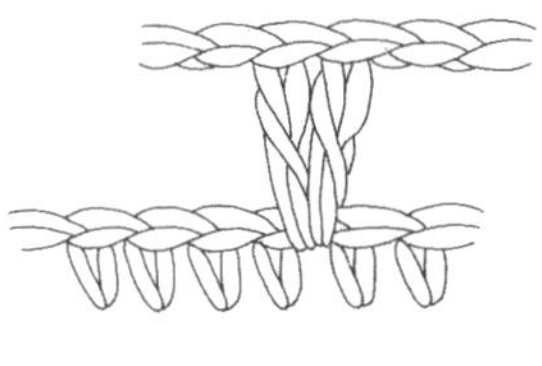

長編み3目編み入れる

1

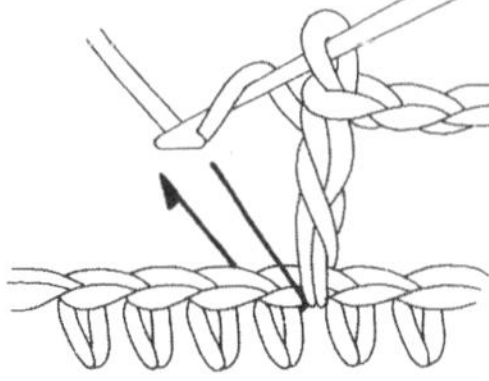

長編みを編み、同じ目に針を入れる。

2

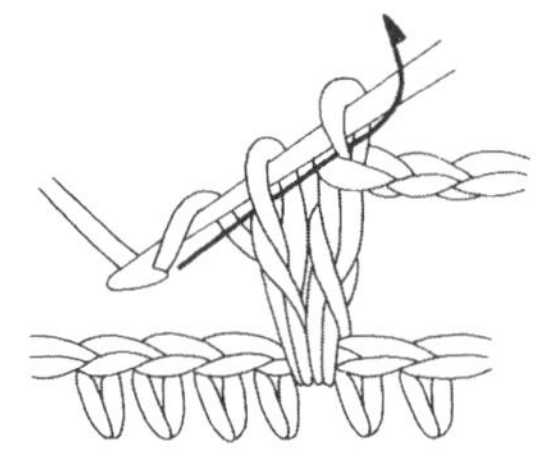

糸をかけ、長編みを編む(2つ目)。

3

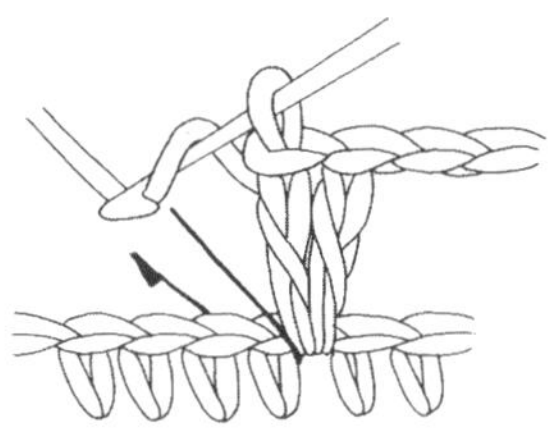

さらに同じ目に針を入れ長編みを編む(3つ目)。

4

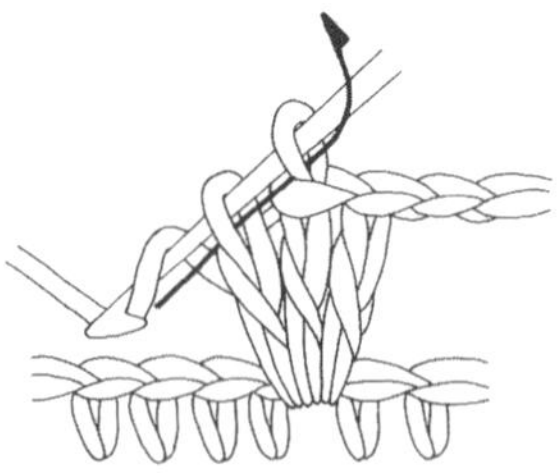

3つの長さをそろえて引き抜く。

5

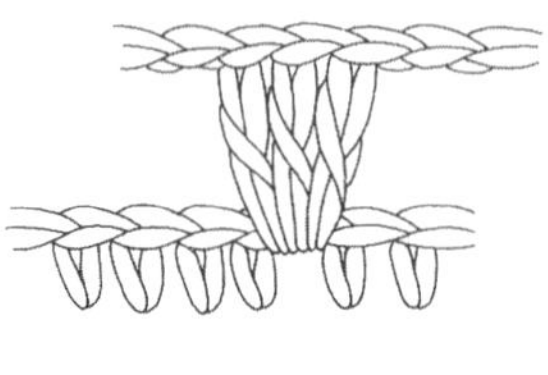

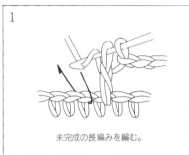

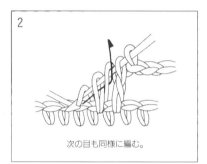

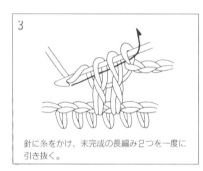

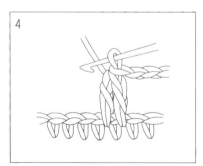

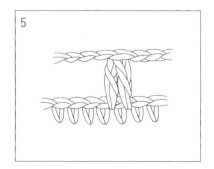

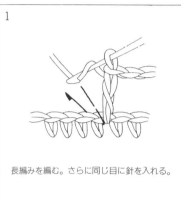

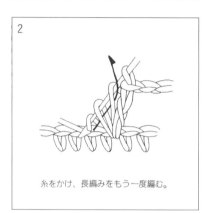

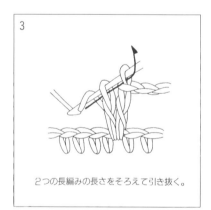

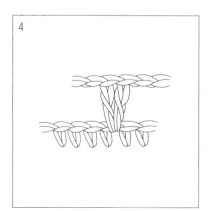

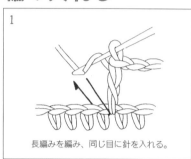

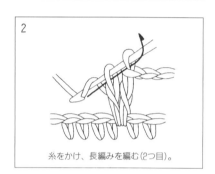

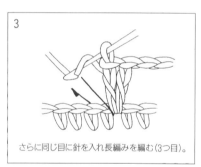

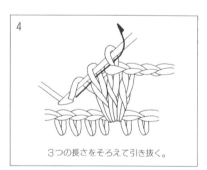

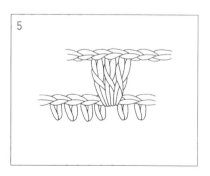

鎖3目の引き抜きピコット

1

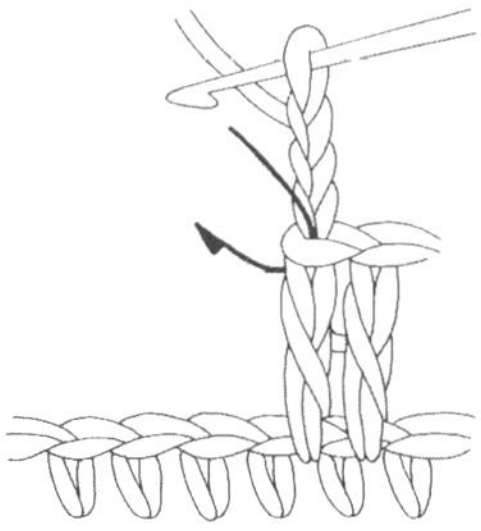

針を入れ、糸をかけて一度に引き抜く。

2

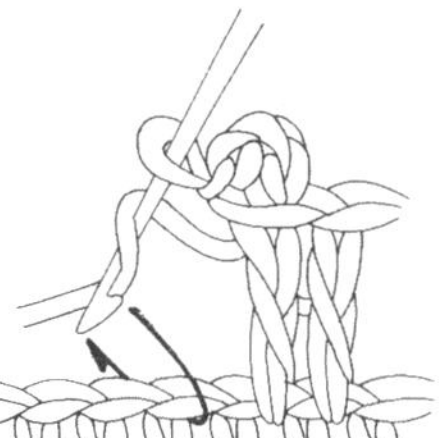

糸をかけて、長編みを編む。

3

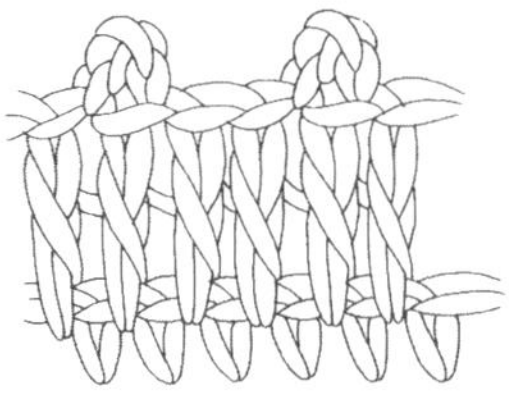

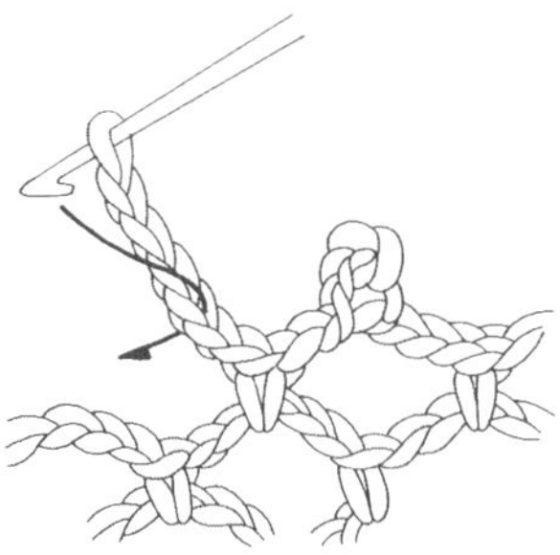

 ピコットは長編みにもどる。

 ピコットは鎖編みにもどる。

長編み3目の玉編み目

1

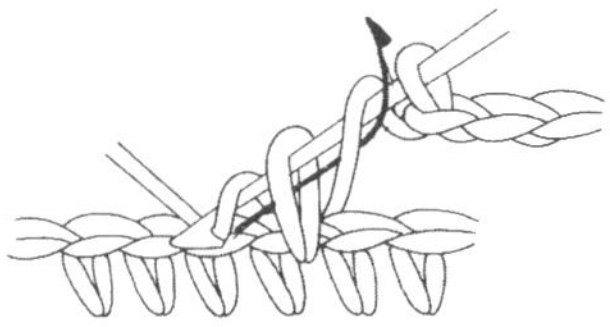

長編みを途中まで編む。

2

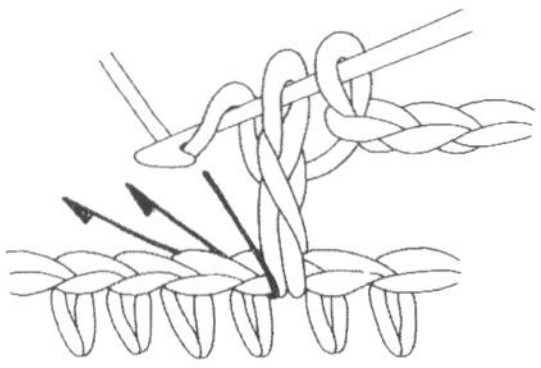

同じ目に針を入れ、未完成の長編みを編む。つづけてさらに同じ目に針を入れ、未完成の長編みを合計3つ編む。

3

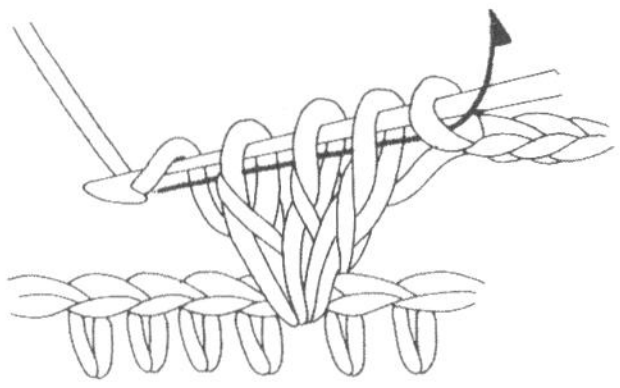

糸をかけて、一度に引き抜く。

4

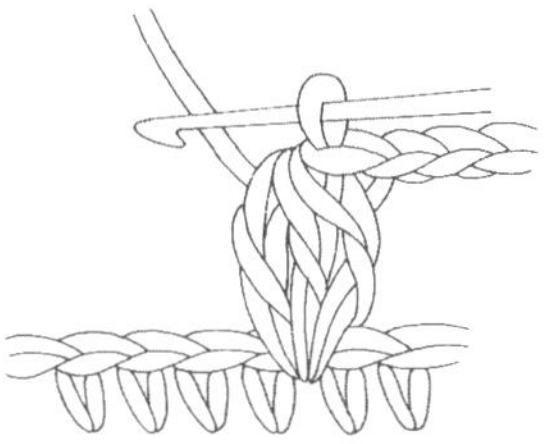

編み終わり

1

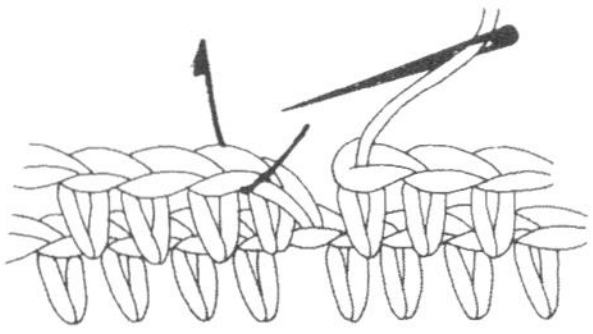

最後の目を編んだら糸を引き出し、20cm程糸を残して切る。縫い針にかえ、最後の目をすくう。

2

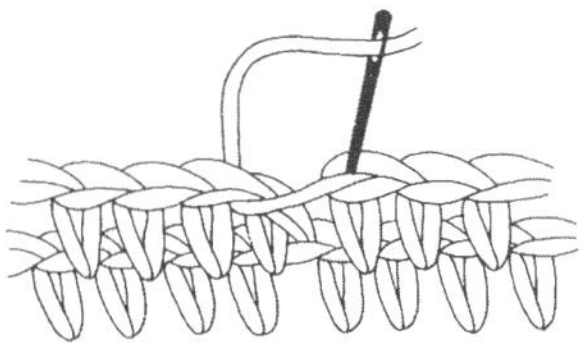

糸を裏側に通して、鎖目の大きさをそろえ、足元(目立たない位置)で固く結び、5～10cm編み目の中に入れてわからないようにする。

2裏

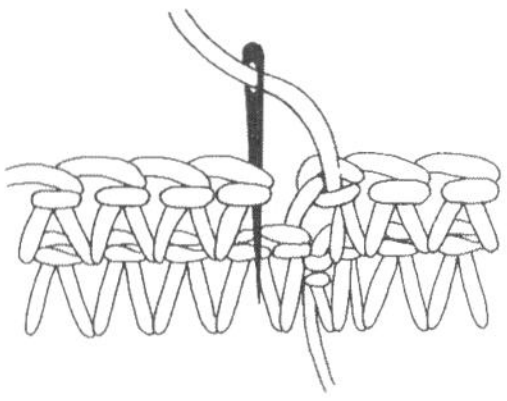

編みはじめた時に、編み目の中に入れてわからないようにする。

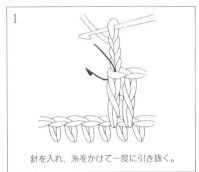

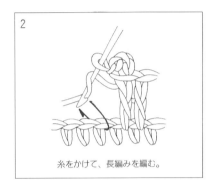

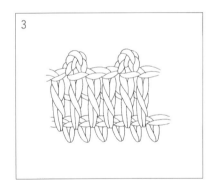

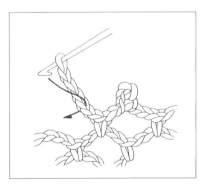

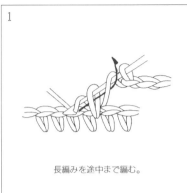

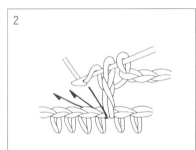

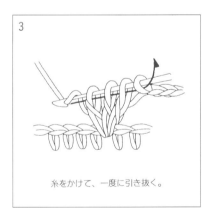

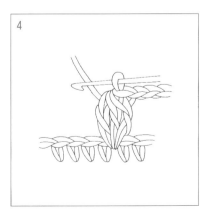

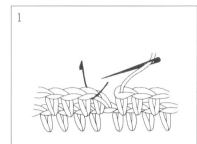

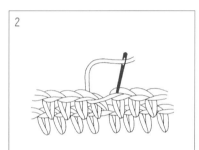

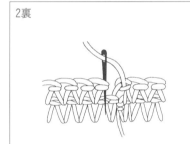

刺しゅう図書の啓佑社

改訂版
基礎のステッチ

刺しゅうの基本ステッチをわかりやすくていねいに解説した、「基礎のステッチ」の改訂版です。
刺しゅう初心者の方におすすめします。

- B5判(257×182mm)／72頁
- 全点実物大図案、解説付き
- 定価：1430円(本体：1300円+税10%)
- ISBN978-4-7672-0553-3
- JAN4560363340480

基礎のステッチ
はじめての透かし模様

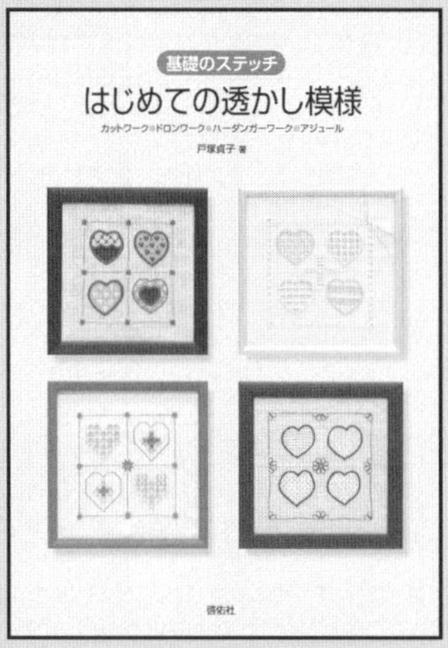

カットワーク、ドロンワーク、ハーダンガーワーク、アジュールの基本的な手順を、写真と図解で紹介しています。

- B5判(257×182mm)／72頁
- 全点図案、解説付き
- 定価：1650円(本体：1500円+税10%)
- ISBN978-4-7672-0597-7
- JAN4560363340121

アジュールパターン集

布糸を抜かず、刺しゅう糸を強めに引くことで繊細な模様を表現できる技法です。142パターン紹介しています。

- B5判(257×182mm)／64頁
- 全点解説付き
- 定価：1650円(本体：1500円+税10%)
- ISBN978-4-7672-0554-0
- JAN4560363340237

戸塚刺しゅう
新装版 ニードルレースパターン集

2007年発刊「ニードルレースパターン集」の新装版です。ニードルワークは、布をすくわずに、糸と針でレース状に刺しうめていく技法です。レース模様の美しいパターンの数々を紹介しています。

- A4変形判(285×210mm)／64頁
- 全点実物大図案、解説付き
- 定価：2750円(本体：2500円+税10%)
- ISBN978-4-7672-0661-5
- JAN4560363342200

誰でも簡単にできる、刺しゅうのための
縁の仕上げ方ガイド

テーブルクロスやテーブルセンターなどの平物の縁の仕上げには、色々な方法があります。この本ではその中から比較的簡単な物を選んで、その作り方を紹介しています。

- A4変形判(285×210mm)／72頁
- 115パターンの図案、解説付き
- 定価：2200円(本体：2000円+税10%)
- ISBN978-4-7672-0543-4
- JAN4560363341043

誰でも簡単にできる、刺しゅうのための
縁の仕上げ方ガイド Vol.2

布物の縁の仕上げ方を、基本的な方法から刺しゅう作品を仕上げる際によく使われる手法まで、プロセス写真と図を合わせてわかりやすく解説しています。

- A4変形判(285×210mm)／72頁
- 182パターンの図案、解説付き
- 定価：2200円(本体：2000円+税10%)
- ISBN978-4-7672-0614-1
- JAN4560363340688

お求めは、全国の書店、手芸材料店、または弊社へお問い合わせください